Martina Walter-Krick, Martin Werth (Hg.)

Jesus Christus spricht: Wer zu mir kommt, den werde ich nicht abweisen.

Martina Walter-Krick, Martin Werth (Hg.)

Jesus Christus spricht: Wer zu mir kommt, den werde ich nicht abweisen.

Die Jahreslosung 2022 – Ein Arbeitsbuch
mit Auslegungen und Impulsen für die Praxis

neukirchener

MIX
Papier aus verantwortungsvollen Quellen
FSC® C014496

Bibliografische Information der Deutschen Nationalbibliothek:
Die Deutsche Nationalbibliothek verzeichnet diese Publikation in der Deutschen Nationalbibliografie; detaillierte bibliografische Daten sind im Internet über http://dnb.d-nb.de abrufbar.

Umschlaggestaltung: Grafikbüro Sonnhüter, www.sonnhueter.com, unter Verwendung eines Bildes © Inge Heinicke-Baldauf
Lektorat: Hauke Burgarth, Pohlheim
DTP: Breklumer Print-Service, www.breklumer-print-service.com
Verwendete Schriften: Dante MT, Scala Sans
Gesamtherstellung: GGP Media GmbH, Pößneck
Printed in Germany
ISBN 978-3-7615-6798-2 (Print)
ISBN 978-3-7615-6799-9 (E-Book)

www.neukirchener-verlage.de

INHALT

VORWORT

„Wer zu mir kommt, den werde ich nicht abweisen."

„Komm herein! Du bist herzlich willkommen!" – So möchte man gerne in Empfang genommen werden, wenn man einen Besuch bei Freunden macht. Aber wie hören sich diese Worte an, wenn sie jemand sagt, den ich eigentlich gar nicht kenne? Da macht sich vielleicht das Misstrauen breit: Will mich da jemand vereinnahmen oder mir ein Geschäft aufschwatzen, mir irgendetwas verkaufen? Vorsicht ist geboten.

Während wir diese Zeilen schreiben, haben wir eine lange Corona-Zeit hinter uns. Wir haben neue Erfahrungen gemacht mit verschlossenen Türen. Erfahrungen mit dem Abgewiesen Werden. Nur mit einem gültigen Test öffneten sich die Türen – und auch nur dann, wenn nicht zu viele andere Menschen im Laden waren. Selbst zu einem Gottesdienst musste man sich anmelden und wenn nicht, dann wurde man abgewiesen – nicht aus Unfreundlichkeit, sondern um die Pandemie in den Griff zu bekommen.

Wie wunderbar klingt dagegen in unseren Ohren die Jahreslosung für das Jahr 2021 „Wer zu mir kommt, den werde ich nicht abweisen". Gott ist da – mit offener Tür und einem zugewandten Herzen. Zu ihm können wir kommen, wenn alle anderen Türen verschlossen sind. Egal was wir mitbringen, vorzuweisen haben oder wo wir einen

Mangel wahrnehmen. Gott wird niemanden abweisen. Er nimmt uns an. Er ist nur ein Gebet weit von uns entfernt, immer ansprechbar. Das lässt aufatmen und erfüllt uns mit Hoffnung.

Das vorliegende Buch will Sie einladen, auf ganz unterschiedlichen Wegen über diese Jahreslosung nachzudenken, der Einladung Gottes nachzuspüren und sich allein oder in Gruppen mit diesem Wort aus dem Johannesevangelium zu beschäftigen.

Wir danken allen Mitautorinnen und Mitautoren, die uns an ihren Gedanken teilhaben lassen. Wir danken allen, die uns von Ihren Arbeitsbereichen erzählen, in denen Menschen die Türen geöffnet werden. Im praktischen Teil finden Sie verschiedene Entwürfe für die Arbeit mit bestimmten Personengruppen, die sich auch gut für andere Gruppen als in den Überschriften angegeben nutzen lassen. Sie sind eingeladen, die Anregungen aufzunehmen und weiterzuentwickeln, so wie es für Ihren Kontext passt.

Wir wünschen Ihnen viele gute Entdeckungen, Staunen über Gott, Dankbarkeit über seine offene Tür und die Ideenvielfalt, die er uns schenkt, um sein Angebot bekannt zu machen.

Wir danken Frau Ruth Atkinson vom Neukirchener Verlag und unserem Lektor, Herrn Hauke Burgarth, für die vertrauensvolle und kompetente Betreuung des Buches.

Wir wünschen Ihnen viele gute Erfahrungen, Entdeckungen und Mut machende Impulse im Umgang mit der Jahreslosung 2022.

Martina Walter-Krick Dr. Martin Werth

Jesus Christus spricht:
Wer zu mir kommt, den werde ich nicht abweisen.

EXEGETISCHE UND THEOLOGISCHE BEOBACHTUNGEN ZUR JAHRESLOSUNG

Martin Werth

„Jesus Christus spricht: Wer zu mir kommt, den werde ich nicht abweisen.“ (Johannes 6,37).

Die Jahreslosung für 2022 ist der zweite Teil aus Johannes 6,37. Warum die Kommission, in der die Jahreslosungen ausgesucht werden, einen halben Vers gewählt hat, kann nur vermutet werden. Ich denke, die Kürze der Losung soll die Botschaft der Annahme unterstreichen, die uns von Jesus Christus zugesagt wird. Es gibt in der Jahreslosung keine Einleitung, keine Vorbedingung, keinen Nachsatz.

Wer kommt, der wird nicht abgewiesen – Punkt. Das ist großartig.

Ich möchte mit Ihnen und Euch in diesen exegetischen und theologischen Beobachtungen zunächst die Jahreslosung in zwei Schritten Wort für Wort betrachten, gleichsam wie mit einer Lupe. Anschließend werden wir auch die erste Vershälfte in den Blick nehmen und eine kurze Überlegung zur Prädestinationslehre anstellen. Am Ende betrachten wir die Jahreslosung in ihrem Kontext des Johannesevangeliums.

1. Die Jahreslosung Wort für Wort betrachtet

Unsere Jahreslosung enthält im griechischen Text acht Worte, die vier Einheiten darstellen.[1]

ton erchomenon

Ein Partizip mit Artikel, ein substantiviertes Partizip. Am Anfang des Satzes steht das Akkusativobjekt. „Den Kommenden" könnte man es wörtlich übersetzen. Da diese Form der Übersetzung für unser Sprachempfinden unglücklich ist, werden substantivierte Partizipien zumeist durch Relativsätze wiedergegeben: „Denjenigen, der kommt", oder: „Wer kommt".[2]

---

1 Eigentlich wird dieser Satz mit einem „und" eingeleitet. Er ist ja eng mit dem ersten Versteil verbunden. Aber weil nur der zweite Teil als Jahreslosung ausgesucht wurde, ist dieses einleitende „Und" weggelassen worden.

2 Zwei kleine Anmerkungen dazu. Erstens: Diese Partizipialform ist eindeutig Singular. Für unser Sprachempfinden hat „Wer kommt" aber schon fast pluralische Bedeutung, im Sinne von „Alle, die kommen". Das ist sachlich auch ganz zutreffend und wird vor allem vom ersten Teil des Verses gedeckt. Ich empfinde den Singular dennoch als wichtig. Ich deute ihn so: Jede und jeder Einzelne, der oder die zu Jesus kommt, erfährt seine Annahme. Es geht bei Jesus nicht um die Menge, sondern um die/den Einzelne/n. Du bist gemeint und ich bin gemeint, nicht nur als Teil einer Gruppe, sondern ganz speziell als Individuum. Zweitens: Das Verb *erchomai* ist ein gängiges Wort, das uns im Neuen Testament in sehr vielen verschiedenen Bezügen begegnet. Eine gewisse Berühmtheit hat es aber in einer Formelsprache gefunden, die sich unmittelbar auf Jesus bezieht: *„Der Menschensohn ist gekommen ..."* Als Beispiele können Mk 10,45 oder Lk 19,10 gelten. Diese Formel findet sich noch häufiger. Vielleicht kann man unseren Vers so verknüpfen: Weil Jesus, der Menschensohn, gekommen ist, können wir nun auch zu ihm kommen, jede und jeder Einzelne.

pros eme

Präposition mit Personalpronomen. Im Griechischen steht das Pronomen im Akkusativ. Im Deutschen nehmen wir den Dativ, denn in jeder Sprache verlangt eine Präposition jeweils einen bestimmten Kasus. Die Übersetzung lautet schlicht: „zu mir".

ou mä

Zwei Verneinungspartikel. Das ist selten und steht zusammen mit dem nachstehenden Verb für eine bestimmte grammatische Konstruktion, die man „bestimmte Verneinung von Zukünftigem" nennt. Wenn ein griechischer Autor sehr deutlich unterstreichen will, dass künftig eine bestimmte Sache nicht passieren wird, dann wählte er diese Konstruktion: einen mit *ou mä* verneinten Konjunktiv Aorist. Im Griechischunterricht habe ich angeregt, man könne dies mit „gewiss nicht", „niemals nicht" oder „im Leben nicht" übersetzen, wobei Letzteres im süddeutschen Dialekt noch viel besser klingt.

ekbalo exo

Hier folgt das Verb, in dem auch das Subjekt enthalten ist. Es steht erst am Ende des Satzes, was für das Griechische nicht ungewöhnlich ist. Das Wort, das betont werden soll, steht oft ganz hinten. *ekbalo* ist eine Zusammenstellung aus der Vorsilbe *ek* (raus, hinaus) und dem Verb *ballo*[3] (werfen). Die Grundbedeutung lautet also: „hinauswerfen".

3 In der Grundform (Präsens Indikativ) mit doppeltem Lambda, also in der Umschrift mit doppeltem l.

Auffällig ist das wie eine Tautologie hinzugefügte Adverb *exo*. Es ist im Grunde schon in der Vorsilbe *ek* enthalten und verstärkt bzw. doppelt die Aussage. Gemeinsam müsste man diese Wendung so übersetzen: „hinauswerfen nach draußen".

ekballo kommt im Neuen Testament 81-mal in unterschiedlichen Bezügen vor, davon 66-mal in den synoptischen Evangelien.[4] Im Johannesevangelium steht es (nur) sechsmal. Diese weiteren fünf Stellen im Johannesevangelium sollten wir uns anschauen.

„Und er machte eine Geißel aus Stricken und trieb sie alle zum Tempel hinaus (ekballo ek) *samt den Schafen und Rindern und schüttete den Wechslern das Geld aus und stieß die Tische um."* (2,15)

„Sie antworteten und sprachen zu ihm: Du bist ganz in Sünden geboren und lehrst uns? Und sie stießen ihn hinaus (ekballo exo). *Jesus hörte, dass sie ihn ausgestoßen hatten* (ekballo exo). *Und als er ihn fand, fragte er: Glaubst du an den Menschensohn?"* (9,34 f.)

„Wenn er alle seine Schafe hinausgelassen hat (ekballo), *geht er vor ihnen her, und die Schafe folgen ihm nach; denn sie kennen seine Stimme."* (10,4)

„Jetzt ergeht das Gericht über diese Welt; jetzt wird der Fürst dieser Welt hinausgestoßen werden (ekballo exo)." (12,31)

An diesen weiteren fünf Stellen im Johannesevangelium steht *ekballo* in unterschiedlichen Tempi, Modi und Genus

4 Bei den Synoptikern ist *ekballo* u. a. der Standardbegriff für Exorzismen. Entsprechend übersetzen die verschiedenen Bibelausgaben dann zumeist mit „austreiben".

Verbi und doch ist die Grundbedeutung und oft auch die Parallelität zur Jahreslosung zu erkennen.

Positiv beschreibend ist die Stelle in 10,4, wo der gute Hirte die Schafe nicht hinausstößt, sondern hinauslässt. Der Hirte selbst geht ihnen voran, er leitet sie mit seiner Stimme. Dem Verb fehlt in diesem Kontext jede Aggressivität. Das *ekballo* eröffnet hier Raum.

Anders ist es in 2,15, wo Jesus im Tempel aufräumt und Händler samt Schafen, Rindern und Tauben mit körperlicher Gewalt hinaustreibt.

Die übrigen drei Stellen (9,34 und 35, 12,31) haben wie unsere Jahreslosung die Doppelung des *ekballo exo*!

In Kapitel 9 (Die Heilung des Blindgeborenen) erleidet der Geheilte den Ausschluss aus der Synagoge, weil er sich im Kreuzverhör durch die Pharisäer zu Jesus bekennt. Diese „Exkommunikation" war mehr als der Ausschluss aus der gottesdienstlichen Gemeinschaft, sie kam einer sozialen Ächtung gleich. Als Jesus dies erfährt, sucht er ihn auf und der Geheilte findet zur Anbetung (9,38).

Johannes 12,31 bringt einen ganz anderen und hochdramatischen Aspekt. In diesem letzten Kapitel, in dem sich Jesus im Johannesevangelium der Öffentlichkeit zuwendet, unmittelbar vor Gründonnerstag und Karfreitag, spricht Jesus nochmals sehr dringlich mit seinen Hörern. Er wirbt um sie. Er lädt zum Glauben ein. Er spricht über das Gericht. Dieses Gericht soll aber den Hörerinnen und Hörern keine Angst machen. Es lässt sie aufatmen.[5] Das Gericht besteht

5 Über das Gericht hat sich das Johannesevangelium zuvor schon mehrfach geäußert. Dabei ist das Gericht i. d. R. im jeweiligen „Heute" verankert. Des-

darin, dass der Fürst dieser Welt, der Durcheinanderwerfer (*dia-ballo*!), selbst rausgeworfen wird nach draußen (*ek-ballo exo*)! Er kann niemanden mehr verklagen. In der Wirklichkeit Gottes ist keiner mehr, der gegen uns ist. Dieses „Jetzt" in 12,31 wird sich auf das unmittelbar bevorstehende Passionsgeschehen und auf Ostern beziehen. Deshalb sagt Jesus direkt im nächsten Vers: *„Und ich, wenn ich erhöht werde von der Erde, so will ich alle zu mir ziehen."* (12,32)

Grob wörtlich übersetzt heißt unsere Jahreslosung also: *„Den zu mir Kommenden werde ich ganz gewiss nicht hinauswerfen nach draußen."*

2. Übersetzungsvergleich

Ob jemand die griechische Sprache beherrscht oder nicht, ein Vergleich verschiedener Übersetzungen ist immer ein hilfreicher Schritt zum vertiefenden Verständnis eines Bibelverses. Wir können sehen, wie zu verschiedenen Zeiten von verschiedenen Menschen dieser Vers verstanden und entsprechend übertragen wurde. Jede Übersetzung ist immer auch Interpretation. Es geht gar nicht anders.

---

halb spricht man beim Johannesevangelium von einer „präsentischen Eschatologie", was man mit „gegenwärtige Endzeitlehre" verdeutschen könnte. *„Denn Gott hat seinen Sohn nicht in die Welt gesandt, dass er die Welt richte, sondern dass die Welt durch ihn gerettet werde"* (3,17). *„Wahrlich, wahrlich, ich sage euch: Wer mein Wort hört und glaubt dem, der mich gesandt hat, der hat* (Präsens!) *das ewige Leben und kommt nicht in das Gericht, sondern er ist vom Tode zum Leben hindurchgedrungen* (resultatives Perfekt)" (5,24).

„Wer zu mir kommt, den werde ich nicht abweisen." (Einheitsübersetzung)

„Wer zu mir kommt, den werde ich nicht hinausstoßen." (Luther 2017/Elberfelder Bibel/Zürcher Bibel)

„Wer zu mir kommt, den werde ich nicht hinausweisen." (Neue Genfer Übersetzung)

„Niemand, der zu mir kommt, wird von mir abgewiesen." (Gute Nachricht Bibel)

„Wer auch immer zu mir kommt – ich werde ihn nie und nimmer hinauswerfen." (Das Buch)

„Wer zu mir kommt, wird behütet sein – nicht verstoßen in die Finsternis." (Walter Jens: Am Anfang das Wort. Das Johannes-Evangelium)

„Wecker tau mi kümmt, den ward ick nich trugstöten." (Dat Ni Testament för plattdütsch Lüd)

„Die zu mir Kommenden werde ich nicht hinauswerfen." (Bibel in gerechter Sprache)

„Alle Menschen ... werden zu mir kommen, und keinen von ihnen werde ich je abweisen." (Hoffnung für alle)

„Alle aber ... werden zu mir kommen, und ich werde sie nicht zurückweisen oder hinausstoßen." (Neues Leben. Die Bibel)

„Alle Leute ... werden zu mir kommen. Ich werde keinen draußen stehen lassen." (Volxbibel)

„Alle ... werden zu mir kommen und ich werde sie niemals zurückweisen." (Neue evangelistische Übersetzung)

„Ich weise niemanden ab, der zu mir kommt." (Basisbibel)

„I verstoß koen, mo zu mr kommt." (Bibel für Schwoba)

Vom neutestamentlichen Griechisch her ergeben sich für die Übersetzung kaum Schwierigkeiten, was dazu führt,

dass Luther, Zürcher und Elberfelder exakt gleich übersetzen. Sprachlich sehr nah am Urtext ist die Übersetzung in gerechter Sprache, die statt eines Relativsatzes das Partizip beibehält, dieses allerdings im Plural wiedergibt.
Die meisten genannten Übersetzungen halten den Sprachrhythmus des griechischen Satzes bei und beginnen mit dem Relativsatz.

Bei den Übersetzungen, die so beginnen, interpretieren die Gute Nachricht und Das Buch, indem sie den Relativsatz erweitern und intensivieren. „Niemand, der zu mir kommt ...“, „Wer auch immer zu mir kommt ...“ Diese Erweiterung ist sprachlich nicht erforderlich, aber inhaltlich gelungen.

Vier Übersetzungen verschmelzen den ersten mit dem zweiten Teil von Vers 37. Wenn wir hier „nur“ die Jahreslosung lesen wollen, müssen wir einen Teil auslassen. Sie beginnen jeweils im Plural mit „Alle“, was vom ersten Versteil her (siehe unten Punkt 4) auch richtig ist. Hoffnung für alle und die Volxbibel wechseln dann im hinteren Teil in den Singular, was inhaltlich genau zutrifft, während Neues Leben und Neue evangelistische Übersetzung auch im Schlussteil beim Plural bleiben.

Die Basisbibel und die Bibel für Schwoba stellen den ganzen Satz um und das Subjekt nach vorne. Das ist nicht zu kritisieren. Unter dem Aspekt der Barrierefreiheit auch beim Lesen ist dies zu begrüßen. Wir wissen sofort, wer hier handelt und worum es geht.

Die besonders intensive Verneinung im griechischen Text wird nur von wenigen Übersetzungen ins Deutsche übertragen. Alle Standardübersetzungen sagen schlicht

„nicht“. Sehr gelungen ist hier Das Buch mit der Variante: „ich werde ihn nie und nimmer hinauswerfen“. Ähnlich die Hoffnung für alle: „keinen von ihnen werde ich je abweisen“.

Spannend ist die Frage, wie das *ekballo* übersetzt werden soll. Es finden sich zwei Gruppen.

a) abweisen / zurückweisen / draußen stehen lassen – Diese Übersetzung findet sich bei Einheitsübersetzung, Gute Nachricht, Hoffnung für alle, Volxbibel, Neue evangelistische Übersetzung, Basisbibel.
b) hinausstoßen / hinausweisen / hinauswerfen / verstoßen – Diese Variante findet sich bei Luther, Elberfelder, Zürcher, Das Buch, Walter Jens, Dat Ni Testament, Bibel in gerechter Sprache, Neues Leben, Bibel für Schwoba.

Für die Übersetzung a) spricht, dass die Einzelnen ja kommen und deshalb die Zusage erhalten, dass sie nicht abgewiesen werden. Für die Übersetzung b) spricht der sonstige griechische Sprachgebrauch, wonach *ek* immer „aus, heraus“ bedeutet und *ekballo* somit den Rauswurf – z. B. aus einem Festsaal – abbilden kann.

Eine Entscheidung zwischen den Varianten fällt nicht leicht. Interessant ist die Übersetzung Neues Leben, die diese Schwierigkeit wohl gesehen hat und beide Aspekte benennt: „Ich werde sie nicht zurückweisen oder hinausstoßen.

Wie wir gesehen haben, trägt die letzte Wortgruppe (*ekballo exo*) die Hauptaussage der Jahreslosung. Im Übersetzungsvergleich fällt auf, dass die Dopplung durch das *exo* kaum berücksichtigt wird. Lediglich die Übertragung von Walter Jens nimmt diese sprachliche Besonderheit mit dem Begriff „Finsternis" auf. Jens interpretiert die letzte Wortgruppe auch insofern, dass er (nahezu predigend) neben die Negation eine Position stellt: *„Wer zu mir kommt, wird behütet sein – nicht verstoßen in die Finsternis."* Im griechischen Urtext steht das nicht, aber ist es deshalb falsch übersetzt?

3. Wahrnehmung des ganzen Verses

Die Jahreslosung umfasst (nur) einen halben Vers. Wenn wir es in unseren Gottesdiensten, Haus- oder Bibelkreisen mit wachen Bibelleserinnen und -lesern zu tun haben, wird dies auffallen. Daher ist es meines Erachtens unumgänglich, dass wir uns auch den ersten Teil des Verses genauer anschauen, der sowohl eine etwas andere Thematik als auch eine besondere Dramatik einbringt.

Wörtlich können wir Johannes 6,37a so übersetzen: *„Jedes, das mir der Vater gibt, kommt zu mir, und …"*

Zwei Dinge sind in diesem Versteil auffällig:

a) „Jedes, das"

Das einleitende sehr allgemeine Adjektiv/Indefinitpronomen (*pan*) steht ebenso wie das folgende Relativpronomen im Neutrum. Nicht „alle, die", nicht „jeder, der", sondern *pan*, „jedes" oder auch „alle"[6]! Das ist auch deshalb überraschend, weil der Nachsatz (unsere Jahreslosung) dann im Maskulin fortfährt (den, der kommt). Wir hätten auch am Versanfang eine maskuline Form erwartet, mit der alle Menschen umfasst worden wären.

Warum wählt das Johannesevangelium hier das Neutrum? Wir können es nicht wirklich sagen. Vielleicht ist dies Neutrum einfach die umfassendste, allgemeine Ausdrucksmöglichkeit. Das Geben Gottes ist unbeschränkt, es umfasst *pan* (jedes Ding, alle Dinge). Nichts ist ausgeschlossen, für alles und jedes besteht diese Möglichkeit.

b) „das mir der Vater gibt"

Dieser eingeschobene Relativsatz enthält nun doch eine (potenzielle) Einschränkung. Der Vers heißt nicht: „Alles kommt zu mir, und wer zu mir kommt, den werde ich nicht abweisen", sondern: Alles, *das mir der Vater gibt*, kommt zu mir …

Ganz offenkundig ist das Handeln, das Geben des Vaters, die Voraussetzung für das Kommen. Gott entscheidet, was oder wer zu Jesus kommt! Es ist offenkundig nicht in das Belieben, nicht in die Entscheidungsfreiheit des Menschen gestellt, ob jemand zu Jesus kommt oder nicht. Wir brauchen die Erwählung durch Gott. Ärgert uns das? Zumindest ist diese Erwählung in Johannes 6,37 sehr umfassend benannt (*pan*).

Das Johannesevangelium hat etliche Stellen – besonders in Kapitel 6! –, die wir im Sinne einer Erwählung oder Prädestination durch Gott verstehen können oder müssen.

---

6 *pan* ist im Grunde schwer zu übersetzen. Grammatisch ist es eindeutig eine Singularform, die für unser Empfinden aber immer pluralisch aufgefasst wird. Die Übersetzung „alle, die" ist daher auch zulässig, vielleicht sogar sachgemäßer.

Unsere Entscheidungen sind jeweils davon abhängig, dass Gott schon für uns entschieden hat.

Einige zentrale Beispiele

„Es kann niemand zu mir kommen, es sei denn, ihn ziehe der Vater, der mich gesandt hat, und ich werde ihn auferwecken am Jüngsten Tage." (Joh 6,44)

„Aber es sind etliche unter euch, die glauben nicht. Denn Jesus wusste von Anfang an, wer die waren, die nicht glaubten, und wer ihn verraten würde. Und er sprach: Darum habe ich euch gesagt: Niemand kann zu mir kommen, es sei ihm denn vom Vater gegeben." (6,64 f.)

„Aber ihr glaubt nicht, denn ihr seid nicht von meinen Schafen. Meine Schafe hören meine Stimme, und ich kenne sie und sie folgen mir; und ich gebe ihnen das ewige Leben, und sie werden nimmermehr umkommen, und niemand wird sie aus meiner Hand reißen. Was mir mein Vater gegeben hat, ist größer als alles, und niemand kann es aus des Vaters Hand reißen." (10,26–29)

„Nicht ihr habt mich erwählt, sondern ich habe euch erwählt und bestimmt, dass ihr hingeht und Frucht bringt." (15,16a)

4. Einige Überlegungen zur Prädestinationslehre

An dieser Stelle scheint es erforderlich, einige kurze Gedanken zur Erwählungs- oder Prädestinationslehre anzuschließen. Diese Thematik ist für etliche Christen ein Ärgernis. Wir tun uns intellektuell und emotional schwer damit, diese Lehre oder allein schon den Begriff positiv zu füllen. Das ist schade, denn tatsächlich ist in dieser Lehre etwas sehr Schönes enthalten.

Betrachten wir zunächst die Schwierigkeiten und Widerstände.

Die Prädestination entmündigt uns

Wenn Gott entscheidet, dann sind wir ganz passiv. Das verletzt unseren Stolz. Wir wollen selbst entscheiden, was wir glauben und was nicht, was wir tun und was wir lassen. Die Idee des „freien Willens", der vermutlich die Mehrheit unserer Gemeindeglieder bewusst oder unbewusst zustimmt, widerspricht der Idee einer Erwählung oder Prädestination.

Eine Prädestination wäre ungerecht

Wenn Gott erwählt, dann heißt das doch auch, dass er verwirft. Was kann denn dann ein Mensch dafür, dass er nicht glaubt. Wenn das Kriterium des Glauben-Könnens die Erwählung durch Gott ist, dann ist es unfair, wenn er nicht jede und jeden erwählt, sondern offenkundig auch einige verwirft.

Dass ich diese Einwände nenne, heißt noch nicht, dass ich sie auch nach menschlicher Logik widerlegen oder überwinden könnte. Ich will hier nur andeuten, dass auch an dieser Stelle Gottes Gedanken vermutlich nicht unsere Gedanken sind und wir alle uns von Paulus sagen lassen müssen: *„Lieber Mensch, wer bist du denn, dass du mit Gott richten willst?"* (Rö 9,20)

Die vermeintliche Ungerechtigkeit sollten wir ganz Gottes Sache sein lassen

Auffällig ist für mich, dass häufig von Gottes Erwählung ganz positiv geredet wird: *„Wem ich gnädig bin, dem bin ich gnädig, und wessen ich mich erbarme, dessen erbarme ich mich."* (2Mo 33,19) Die Umkehrung steht dort nicht! Mancher denkt sie mit, aber das ist menschlich-mathematisches Denken und wird dem Wort Gottes nicht gerecht. In mir löst dieser Satz Freude aus. Freuen Sie sich doch mit.

Ich habe gesagt, dass die Erwählungs- oder Prädestinationslehre etwas sehr Schönes enthält. Das will ich gerne erklären.

Nur wenn mein Heil in der Erwählung des dreieinigen Gottes begründet ist, kann ich meines Heils gewiss sein! Können Sie den Gedanken mitdenken?

Wenn mein Heil an mir liegt, an meiner Bekehrung, an meiner Erkenntnis, an meiner Treue, an meiner Hingabe und Opferbereitschaft, an meinem Gebet, an meiner Mitarbeit usw., dann kann ich mir nie sicher sein, ob es reicht. Vielleicht bin ich mit einem starken Selbstbewusstsein ausgestattet, das geradezu sagt, Gott könne doch froh sein, dass ich mich für ihn entschieden habe. Dann werde ich selbstgerecht. Wenn ich diesen Fehlweg nicht gehe, die Erwählung aber nicht (an)erkenne, dann besteht immer die Sorge, es könnte zu wenig sein, zu wenig geglaubt, zu wenig geliebt, zu wenig gewagt und gearbeitet.

Ich glaube wirklich: Wir werden unseres Lebens und Glaubens erst dann froh, wenn wir erkennen, dass unser

Heil ganz bei Gott entschieden wurde. Er garantiert, dass wir das Ziel unseres Lebens erreichen, weil er uns erwählt hat. Wir müssen das nicht selbst schaffen – und wir könnten es auch gar nicht. Deshalb bin ich im wahrsten Sinne des Wortes „heilfroh", dass mir das Evangelium der Erwählung durch den dreieinen Gott zugesprochen wurde und ich es annehmen kann.

5. Die Jahreslosung im Kontext von Johannes 6

In den meisten Fällen wird ist es nicht sinnvoll sein, wenn Sie bei einer Andacht oder Predigt zur Jahreslosung mit Ihren Gemeindegliedern das ganze Kapitel in den Blick nehmen.

Wenn Sie aber für sich selbst die Bibel wahrnehmen wollen, dann würde ich Ihnen immer empfehlen: Lesen Sie mindestens das ganze Kapitel, in dem der Vers steht, über den Sie vertieft nachdenken wollen. Es ist gut, wenn wir die Bibel nicht nur häppchenweise konsumieren, sondern einzelne Verse immer auch in ihrem jeweiligen Kontext wahrnehmen.

Vielleicht haben Sie auch einen motivierten Haus- oder Bibelkreis, in dem die Teilnehmenden bereit sind – vielleicht an mehreren Tagen – gemeinsam so ein langes Kapitel zu erarbeiten.

Im Johannesevangelium lassen sich grob zwei Teile unterscheiden.

Im ersten Teil bis Kapitel 12 sehen wir Jesus im Gespräch mit der Welt. Er beruft die Jünger, er setzt sich mit

Einzelnen auseinander, er heilt und lehrt, er missioniert bei den Samaritanern und ringt mit den Juden.[7]

Johannes 6 ist ein zentraler Höhepunkt dieses ersten Teils des Evangeliums. Hier wird die Speisung der 5.000 berichtet (5–15), die viele Menschen in Galiläa bewegt hat. Hier steht das erste Ich-bin-Wort vom Brot des Lebens (35). Hier begegnet uns am Ende das große Bekenntnis, das Petrus für die Jünger spricht: *„Herr, wohin sonst sollten wir gehen? Du hast Worte des ewigen Lebens und wir haben geglaubt und erkannt, du bist der Heilige Gottes."* (68 f.)

Johannes 6 lässt sich in einige Unterabschnitte gliedern, die zwar für sich stehen können, die aber vielfach miteinander verknüpft sind.

a) **Einleitung und Klärung des Rahmens** (1–4)

Der Ort wird beschrieben, die Volksmenge wird genannt und auch ihre Erwartungshaltung aufgrund der vorherigen Wunder Jesu (Kap. 4 und 5). Die Nennung des Berges erhöht die Spannung auf das, was nun kommen wird. Berge haben in der Bibel oft einen besonderen Offenbarungscharakter. Das gilt auch für den Hinweis, dass das Passafest kurz bevorsteht. Beim ersten im Evangelium genannten Passafest hatte Jesus den Tempel gereinigt (2,13). Beim

7 Im zweiten Teil, ab Kapitel 13, wendet sich Jesus ganz seinen Jüngern zu. Er isst mit ihnen das Passamahl, er wäscht ihnen die Füße, er gibt ihnen das Gebot der Liebe und verheißt ihnen den anderen Beistand, den Heiligen Geist. Schließlich betet er in Kapitel 17 für die Jünger und für uns, *„dass sie alle eins seien"*. Diese Einheit ist für Jesus das Kriterium der missionarischen Wirksamkeit der Gemeinde.

dritten Passafest, das in 11,55 erwähnt wird, wird Jesus am Kreuz sterben.[8]

b) Die Speisung der 5.000 (5–15)

Der johanneische Bericht von der Speisung der 5.000 stimmt in den großen Linien (Ort, Zahlen) mit den Berichten bei Matthäus, Markus und Lukas überein. In den Details berichtet das Johannesevangelium allerdings sehr eigenständig. Auffällig ist: Jesus hat von Anfang an die Frage der Nahrung für die vielen Menschen im Blick (5). Es wirkt so, als habe er die Menschen nur deshalb zu sich auf den Berg kommen lassen, um diese Speisung vornehmen zu können. Bei den Synoptikern ist Jesus mit Heilungen oder Predigten beschäftigt, und die Jünger müssen ihn erst auf die problematische Versorgungslage aufmerksam machen. In Johannes 6 geht alle Initiative von Jesus aus. Jesus spricht das Problem an, er organisiert die Lagerung der Menschen, er bricht das Brot und spricht das Dankgebet (*eucharistein*!) und dann wird es wohl bewusst so dargestellt, dass er selbst von Gruppe zu Gruppe, von Mensch zu Mensch geht und Frauen, Männern und Kindern persönlich Brot und Fisch reicht (11). Dass die Jünger daran beteiligt gewe-

---

8 Nur im Johannesevangelium werden drei Passafeste erwähnt. Die Synoptiker gliedern den ihnen bekannten Stoff geografisch. Sie starten in Galiläa, haben dann einen kurzen oder längeren Reisebericht und enden schließlich mit dem Passafest in Jerusalem, wo Jesus gekreuzigt wird. Die Darstellung der ersten drei Evangelisten könnte durchaus in einen Zeitraum von einigen Monaten passen. Im Johannesevangelium wechselt Jesus wiederholt von Galiläa nach Judäa und zurück. Wenn wir also von einer ca. dreijährigen öffentlichen Wirksamkeit Jesu zwischen der Taufe am Jordan und Ostern ausgehen, dann berufen wir uns dabei auf die Darstellung des Johannesevangeliums.

sen wären, wird nirgends genannt. Sie werden erst aktiv, nachdem Jesus sie beauftragt, die übrigen Brocken einzusammeln (12). Dass hier Jesus und sein aktives Handeln im Mittelpunkt steht, wird im Fortgang des Kapitels verständlich. Weil Jesus selbst das Brot der Welt ist, kann auch nur er der Geber dieses Brotes sein. Die Speisung ist eine Art Vorab-Visualisierung des Ich-bin-Wortes, das die Mitte des ganzen Kapitels darstellt.

c) **Der Seewandel** (16–21)

Auch bei Markus und Matthäus ist die Speisung mit dem anschließenden Seewandel verbunden. Vermutlich enthielten schon die Quellen der Evangelisten diese enge Verknüpfung. In Johannes 6 erklärt dieser Abschnitt in erster Linie den Ortswechsel nach Kapernaum. Der Seewandel wird erst dadurch „erforderlich", dass Jesus vor dem Zugriff der Volksmenge flüchtet. Die Menge ist so begeistert von diesem Wunder, dass sie den Wundertäter ergreifen und im Triumphzug zum König ausrufen will. Nachdem die Jünger mit dem Boot aufgebrochen sind, folgt Jesus ihnen über den See.

d) **Die Brotrede in Kapernaum** (22–35)

Dieser erste Teil der Brotrede verläuft recht harmonisch und konstruktiv.

Jesus sagt der erwartungsvollen Menge, dass sie nicht vordergründig auf das Brot sehen, sondern das Zeichen dahinter sehen sollen. Die Menschen gehen darauf ein und es entwickelt sich ein Dialog darüber, was zu tun ist, über den Glauben und über die Väter mit dem Manna in der Wüste. Die Volksmenge will verstehen und einordnen können, was ihnen in Jesus begegnet. Jesus spitzt zu: *„Nicht Mose gab euch das Brot vom Himmel, sondern mein Vater gibt euch das wahre Brot vom Himmel. Denn Gottes Brot ist das, was vom Himmel kommt und gibt der Welt das Leben."* (32 f.) *„Herr, gib uns allezeit solches Brot"* (34), antwortet das Volk und Jesus schließt das bekannte Ich-bin-Wort an (35).

Ich habe schon oft gedacht, wie schön es gewesen wäre, wenn die Begegnung hier geendet hätte, bzw. wenn Jesus mit den Jüngern und dem ganzen Volk einen großen Gottesdienst gefeiert und sich die erste Gemeinde in Israel gebildet hätte. Aber so kommt es nicht. Offenkundig spürt Jesus, dass die Volksmenge nicht in der Tiefe erkannt hat oder erkennen konnte, worum es ihm geht.

e) Die Brotrede wird zur Konfliktrede (36–51a)

Der weitere Verlauf des Kapitels kennzeichnet eine gescheiterte Kommunikation. Jesus legt nach: *„Ich habe euch gesagt: Ihr habt mich gesehen und glaubt doch nicht. Alles, was mir mein Vater gibt, kommt zu mir; und wer zu mir kommt, den werde ich nicht hinausstoßen."* So ist unsere Jahreslosung in das Gespräch mit der jüdischen Volksmenge nach der Speisung eingebunden. Es steht – fast möchte man sagen: leider – am Beginn einer gescheiterten Kommunikation, die zu einer Distanzierung und Trennung führt.

Als Jesus sagt, dass er vom Himmel herabgekommen ist (38), dass er Menschen am Jüngsten Tag auferwecken wird (39) und ewiges Leben verleiht (40), da murren die Hörer. Der ist doch hier aus Nazareth, wir kennen doch seine Eltern. Wie kann er solche Dinge sagen? (41 f.) Jesus versucht nochmals, seine Hörerinnen und Hörer zu erreichen: *„Wer glaubt, der hat das ewige Leben“* (47), aber die Menge geht nicht mehr auf ihn ein.

f) Die Brotrede wandelt sich zur Fleischrede (51b–59)

In Vers 51 erweitert Jesus das Thema der Brotrede hin zur Fleischrede. *„Dieses Brot ist mein Fleisch, das ich geben werde für das Leben der Welt.“* Die Juden muss das irritieren. Jesus wiederholt es: *„Wenn ihr nicht das Fleisch des Menschensohns esst und sein Blut trinkt, so habt ihr kein Leben in euch.“* (53) *„Wer mein Fleisch isst und mein Blut trinkt, der bleibt in mir und ich in ihm.“* (56).

Es darf angenommen werden, dass im Johannesevangelium an dieser Stelle sehr zugespitzt die Abendmahlstheologie in Verbindung mit der Kreuzestheologie entfaltet wird. In Johannes 13, beim letzten Mahl Jesu mit seinen Jüngern, steht die Fußwaschung im Mittelpunkt. Die Einsetzung (und Deutung) des Abendmahls fehlt an dieser Stelle. Diese scheint mir bereits vorab in Kapitel 6 nach dem Ich-bin-Wort zum Brot platziert zu sein. Die ersten Hörer Jesu können das nicht einordnen, Jesu Worte richten sich in erster Linie an die Leserinnen und Leser des Johannesevangeliums – an uns!

g) Spaltungen unter den Jüngern (60–66)

Auch im erweiterten Jüngerkreis lösen Jesu Worte Irritation und Verärgerung aus. *„Das ist eine harte Rede; wer kann sie hören?“* (60), das wird so viel heißen wie: Was du hier sagst, ist unerträglich, das können wir nicht aushalten und nicht mittragen, wir sind doch keine Kannibalen. Das Ergebnis ist, dass viele sich von Jesus abwenden (66).

h) Das Petrusbekenntnis und ein Nachwort zu Judas (67–71)

Ich muss zugeben, das Nachwort zu Judas würde ich gerne auslassen. Vers 69 wäre das ideale Schlusswort des Kapitels. Aber „ideal" haben wir nicht. Der Verrat ist eine Realität, die uns wachsam machen soll. Dabei geht es nicht um mögliche Verräter neben uns, sondern um die Gefahr des Verräters in uns.

Am Ende des Kapitels ist Jesus mit den zwölf Jüngern allein. Die Menge hat sich zerstreut, viele Anhänger Jesu haben sich abgewandt. Jesus gibt auch den Zwölfen eine offene Entscheidungsmöglichkeit: *„Wollt ihr auch weggehen?"* (67) Petrus antwortet darauf mit seinem berühmten Bekenntnis (68 f.).

Ich glaube, die Frage Jesu gilt allen Leserinnen und Lesern zu allen Zeiten: Bist du bereit, mir zu vertrauen und mich zu bezeugen? Willst du Jesus so sehen – auch in den Dingen, die auf den ersten Blick schwer sind? Beim Abendmahl geht es um mehr als um ein Gemeinschaftserlebnis (vgl. 1Kor 11,26), das hat Jesus in seiner Fleischrede deutlich gemacht! Petrus sagt für den Jüngerkreis eindeutig: „Ja". Wir werden ermutigt, die Antwort von Petrus zu unserer Antwort zu machen.

Vielleicht ist es auch eine lohnende Idee, unsere Jahreslosung mit dem Bekenntnis des Petrus zu verknüpfen:

„Jesus Christus spricht: Wer zu mir kommt, den werde ich nicht abweisen."

Petrus antwortet: „*Herr, wohin sonst sollten wir gehen? Du hast Worte des ewigen Lebens und wir haben geglaubt und erkannt: Du bist der Heilige Gottes.*“

WIE FINDEN ERWACHSENE ZUM GLAUBEN?

Patrick Todjeras

Die Jahreslosung 2022 ist eine Steilvorlage, um über den christlichen Glauben nachzudenken. Eine Steilvorlage lädt den Stürmer oder die Stürmerin bekanntlich ein, ein Tor zu schießen. Damit ist ein Pass gemeint, der so in Richtung oder in die Nähe des gegnerischen Tors gespielt wird, dass es einem Mitspieler oder einer Mitspielerin leicht gemacht wird, den Ball zu versenken. Wer eine Steilvorlage verpasst, verstolpert oder gar verschießt, dem gebührt das Raunen der eigenen Fans. Also stellen wir uns dieser Steilvorlage und denken etwas genauer über die Jahreslosung nach.

„Jesus Christus spricht: Wer zu mir kommt, den werde ich nicht abweisen." (Joh 6,37)

Den Hörenden und Lesenden dieser Worte wird fast zwingend nahegelegt, über die Frage nachzudenken: Wie „kommen" Menschen eigentlich „zu" Jesus Christus? Gemeinhin heißt es, dass Menschen zum Glauben kommen. Was passiert eigentlich, wenn Menschen von sich sagen, dass sie zum Glauben gefunden haben? Oder anders: Wie lässt sich Konversion – das ist der religionspsychologische Begriff –, also „zum Glauben kommen", beschreiben?

Das ist einerseits eine *theologische Frage*. Darüber lässt sich biblisch, exegetisch, systematisch-theologisch und historisch nachdenken; es lassen sich bestimmte Beobachtungen machen und Prinzipien erkennen. Gewiss ist: Menschen kommen zum Glauben. Im Neuen Testament wird es oft erzählt und mit berühmten Geschichten bebildert. Es wird erzählt von Lydia, der Purpurkrämerin aus Thyatira (Apg 16, 11–40), und von Kornelius, dem römischen Hauptmann in Cäsarea (Apg 10,1–48). Das ist der Normalfall *und* ein Wunder, jedes Mal.

Dieses Wunder fassen Menschen, die von sich sagen, dass sie zum Glauben gefunden haben, auch heute in Worte. Sie erleben bestimmte Vorgänge in sich, es wirken bestimmte innere und äußere Faktoren mit. Das ist andererseits eine *religionspsychologische Frage (Konversion)*. Was beschreiben Menschen, wenn sie von sich sagen, dass sie zum Glauben an Jesus Christus gefunden haben? Einige zentrale Einsichten und Thesen will ich hier vorstellen.[9]

Zuerst will ich einige Vorüberlegungen und methodische Unterscheidungen darlegen, die wir in unserer Greifswalder Konversionsstudie angewendet haben. Dann werde ich einige auffällige Befunde nennen und schließlich fünf Kerngedanken formulieren.

---

9 Seit der Gründung des IEEG (Institut zur Erforschung von Evangelisation und Gemeindeentwicklung) forschen wir zu dieser Frage. Die Grundlagenliteratur ist: Johannes Zimmermann und Anna-Konstanze Schröder, *Wie finden Erwachsene zum Glauben?*, BEG-Praxis (Neukirchen-Vluyn, 2010).

Vorüberlegungen

a) Menschen erleben und beschreiben ihre Konversion unterschiedlich und vielfältig. Aus diesem Grund haben wir in unserer Greifswalder Konversionsstudie einen relativ weiten Konversionsbegriff gewählt: Er umfasst radikale Veränderungen wie den Wechsel der gesamten grundlegenden Überzeugungen eines Menschen, aber auch das Erlebnis der Intensivierung des eigenen Glaubens oder den Eintritt oder Wiedereintritt in eine Glaubensgemeinschaft.

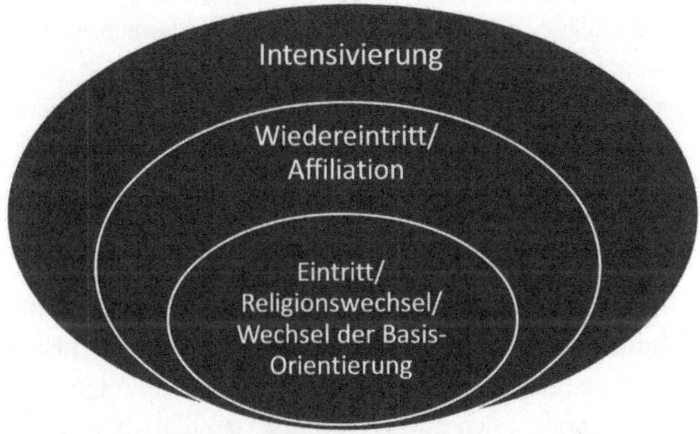

Abb. 1: Verschiedenheit erlebter Konversion.

b) Wenn Menschen zum Glauben kommen, dann werden verschiedene Schritte beobachtbar und beschreibbar. Ein nachvollziehbares Modell hat der amerikanische Religionspsychologe Lewis Rambo entwickelt. Dieses Modell beschreibt den Prozess der Konversion in mehreren

Schritten. Konversion stellt sich dabei als Prozess dar, also eher als eine Emmaus-Reise als ein Damaskus-Erlebnis. Das Modell umfasst mehrere Aspekte der Transformation. Es ist zu beachten, dass diese Schritte nicht einfach nacheinander erfolgen; manche Menschen gehen in diesem Modell sozusagen ein wenig hin und her. Aber unter dem Strich spielen diese Aspekte eine wichtige Rolle, wenn Menschen sich auf einer geistlichen Reise befinden: Sie kommen aus bestimmten *Kontexten*, das sind all die Vorerfahrungen mit Glauben im Elternhaus, in Schule und Kirche usw. Sie erleben *Krisen* in ihrem Leben, Übergänge sind zu bewältigen, oder Schicksalsschläge und Glücksmomente wollen angenommen werden. Oft löst dies eine neue *Suche* aus nach dem, was trägt und hält. Sie bekommen auf irgendeine Weise *Kontakt* mit Menschen, die ihnen vom Glauben erzählen. Dieser Kontakt wird positiv erlebt, sie erforschen immer tiefer, worum es im Glauben geht, das Thema lässt sie nicht mehr los *(Interaktion)*. Sie entwickeln einen vertieften Bezug zum Glauben, und irgendwann tun sie einen bewussten Schritt und vertrauen ihr Leben Gott an *(Commitment)*. Das bleibt nicht ohne Folgen: Ihr Leben ändert sich und der Glaube fasst allmählich in ihrem Alltag Fuß *(Konsequenzen)*.[10]

---

10 Vgl. Lewis R. Rambo, *Understanding Religious Conversion* (New Haven/London: Yale University Press, 1993).

- Kontext
- Krise
- Suche
- Kontakt
- Interaktion
- Commitment
- Konsequenz

Abb. 2: Schritte auf dem Weg zum Glauben nach Rambo.

c) Eine anschlussfähige Definition von Konversion stammt vom Religionspsychologen William James, der sagt: „Ein Mensch ‚bekehrt sich' heißt […], dass religiöse Vorstellungen, die früher in seinem Bewusstsein an der Peripherie lagen, jetzt eine zentrale Stelle einnehmen, und dass religiöse Ziele jetzt den gewohnheitsmäßigen Mittelpunkt seines persönlichen Innenlebens bilden."[11]

11 William James, *The Varieties of Religious Experience. A Study in Human Nature*. (London, 1929), S. 187.

Einige auffällige Befunde

Wenn Menschen beschreiben, wie sie zum Glauben gefunden haben, dann zeigen sich vier Besonderheiten, die Beachtung verdienen. Es lassen sich schnell mögliche Schlüsse ziehen.

a) Der *geistliche Prozess*, der Weg der Transformation *kann dauern*: Im Durchschnitt dauerte der Prozess, an dessen Ende Menschen ihren Glauben festmachten, 12,5 Jahre. Da einige lange unterwegs waren, gibt eine andere Zahl vielleicht besser Auskunft: Bei der Hälfte der Teilnehmenden der Studie dauerte es bis zu 5,8 Jahren, bei der anderen Hälfte mehr als 5,8 Jahre. Wir brauchen offenbar „missionarische Geduld“: Veränderungen der Glaubensbiografien brauchen Zeit, unter Umständen dauert es viele Jahre. Wir müssen uns fragen: Halten wir das aus, dass Menschen in unterschiedlichem Abstand zur Gemeinde Suchende bleiben und nicht sofort fröhliche Finder werden?

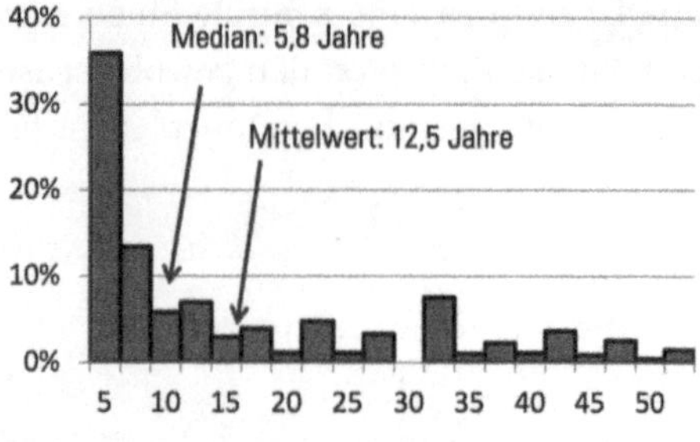

Abb. 3: Wie lange dauert es, bis sich Menschen als „gläubig“ bezeichnen?

b) Es sind tatsächlich Erwachsene, die an unserer Studie teilnahmen und sagten: Ja, wir haben *im Erwachsenenalter einen neuen Anfang im Glauben gemacht*. Die Generation, mit der sich die Kirche am schwersten tut, und für die in unseren Gemeinden oft nur wenig angeboten wird, die findet sich hier. 41 Jahre alt waren die Erwachsenen im Durchschnitt, als sich diese Veränderung ereignete. 50 Prozent der Teilnehmenden waren zu diesem Zeitpunkt zwischen 33 und 49 Jahren alt.

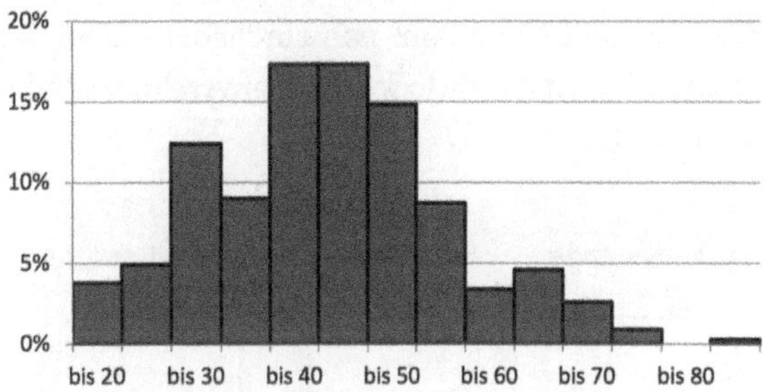

Abb. 4: In welchem Alter machen Erwachsene einen Anfang im Glauben?

Interessanterweise gibt es im Osten Deutschlands einen Nebengipfel bei den knapp 30-Jährigen, den es so im Westen nicht gibt: Da scheinen sich religiös bisher ungeprägte Menschen dem Glauben zu öffnen. Demgegenüber gibt es im Westen einen kleinen Nebengipfel bei den Mittsechzigern, den es im Osten nicht gibt, weil dort offenbar die Generation derer, die in den 60er-Jahren z. B. austraten, sehr schwer zu erreichen ist. Diese Menschen kamen auch nicht überwiegend aus den Kreisen der „üblichen Verdächtigen": nur 16 Prozent kamen aus der Gemeinschaftsbewegung, 7 Prozent aus anderen missionarischen Bewegungen, der Rest, also 77 Prozent, kam aus „normalen" Kirchengemeinden und anderen kirchlichen Umfeldern. Zwar findet sich auch ein starker Anteil dessen, was man evangelikal, charismatisch, landeskirchlich-pietistisch nennen könnte, insgesamt 23 Prozent, die überwiegende Mehrheit unserer Befragten erlebte aber die *Konversion zum Glauben in der Mitte der Kirche*!

c) In unserer Einteilung haben wir – je nach religiöser Sozialisation und Nähe zum gemeindlichen Leben – *drei Typen von Menschen* entdeckt, die Konversions-Erfahrungen machen.

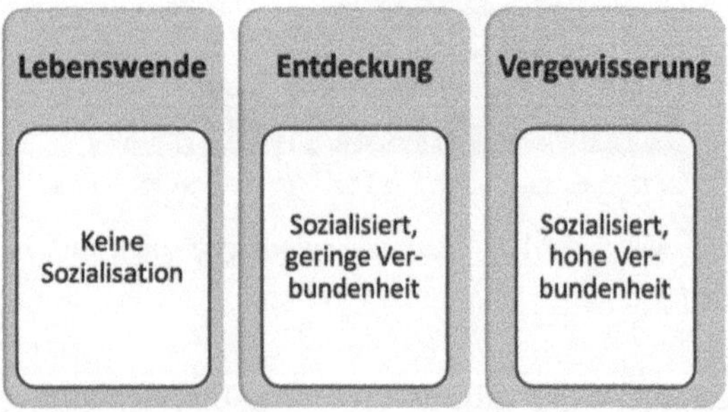

Abb. 5: Drei Konversionstypen mit mit unterschiedlichen Hintergründen.

- Im Typ *Vergewisserung* erleben Menschen, die immer schon „dabei" waren und als aktive Gemeindeglieder leben, Veränderungen in und hin zum Glauben. Sie erfahren – nicht selten zu ihrer eigenen Überraschung – ein Mehr an Freude und Gewissheit im Evangelium.

- Menschen des Typs *Entdeckung* gehörten immer schon zur Kirche, waren aber nur selten in einer Kirche zu sehen – vermutlich an den Höhe- oder Tiefpunkten des Lebens und des Jahres. Daran ändert sich nun etwas. Sie entdecken mehr am Glauben, als sie erwartet hatten. Ihnen wird auch die Gemeinschaft des Glaubens wichtiger als zuvor.
- Im Typ *Lebenswende* erleben Menschen einen Bruch mit ihrem bisherigen Leben und fangen an zu glauben, obwohl sie zuvor keinen Platz für den Glauben in ihrem Leben sahen.

Das Ganze verteilt sich im Land sehr verschieden: Im Osten dominiert der Lebenswendetyp. Im Westen gehört fast jeder zweite zum Entdeckungstyp. Das ist vielleicht erwartbar, zeigt aber eben auch die sehr verschiedenen Ausgangspunkte missionarischer Arbeit.

d) Zweierlei wird deutlich: *Sowohl Menschen von ganz draußen als auch „Insider" kommen zum Glauben.* Auch in den frommen Gemeinschaften, in unseren Gottesdienstgemeinden und Mitarbeiterkreisen machen manche erst spät die Entdeckung, was das Evangelium wirklich für sie bedeutet. Auch die sollten wir vor Augen haben, deren Weg kompliziert ist. Schließlich können wir Hoffnung haben für Menschen, deren Glaubensweg einmal abbrach. Bunte Lebenswege werden sichtbar. Wir finden viele Menschen aus evangelischen Elternhäusern, aber auch viele als Kinder aus konfessionsverbindenden Ehen. Es gibt nicht wenige, die aus Elternhäusern kommen, in denen der Glaube nicht vorkam: Über 20

Prozent unserer Befragten wuchsen in Familien auf, in denen beide Eltern konfessionslos waren.[12] Sehr viele wuchsen ohne prägende Erziehung im Glauben auf. 50 Prozent der Befragten erinnern sich an kein gemeinsames Gebet mit der Mutter, über 40 Prozent an keinen gemeinsamen Gottesdienstbesuch und an kein Gespräch über den Glauben. Was wir sehen: Trotz dieser Startbedingungen kamen diese Menschen später als Erwachsene zum Glauben. *Konversion ist also auch bei fehlender religiöser Sozialisation möglich.*

Fünf Kerngedanken

1. Erwachsene, die zum Glauben finden, profitieren von einem Netzwerk guter Beziehungen

Für fast alle Befragten waren Freunde und Bekannte (84 Prozent), der Pfarrer/die Pfarrerin (88 Prozent), ehrenamtliche Gemeindeglieder (63 Prozent) und nahe Angehörige (Ehepartner, Mutter, eigene Kinder zu je 53 Prozent) wichtig für den gesamten Glaubensweg. Ihre Bedeutung verändert sich in den einzelnen Etappen des Konversionsprozesses: Für den Erstkontakt sind eher Freunde wichtig, später wird die Pfarrperson für ebenso viele Konvertiten wichtig. Persönliche Kontakte sind in der Regel der Schlüssel, und das sind natürlich Alltagskontakte. Es ist klar, dass

---

12 Im Osten drehen sich diese Zahlen um: Da stammen fast 50 Prozent der Menschen, die sich bekehrten, aus konfessionslosen Elternhäusern; nur ein Fünftel kommt aus evangelischen Elternhäusern.

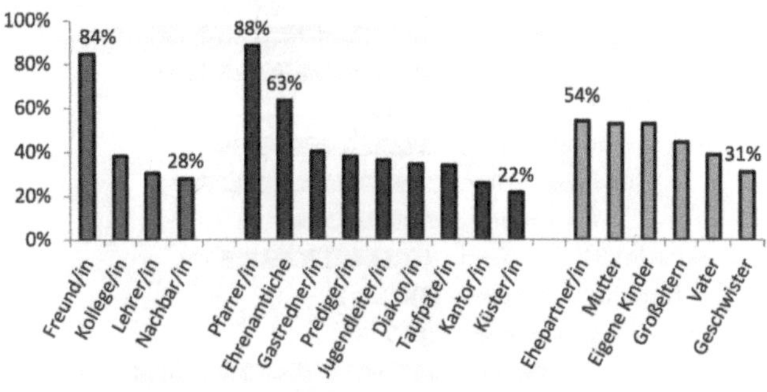

Abb. 6: Die Wichtigkeit von Beziehungsnetzwerken im Glaubensweg.

gerade bei Menschen, deren Kontakt zur Kirche sehr unregelmäßig oder schwach ausgeprägt ist, die beste Brücke zum Glauben aus Menschen besteht, die kontakt- und auskunftsfähig sind. Darüber ist schon viel geredet und geschrieben worden. Wenn Christen sich als verlässliche Nachbarn/Nachbarinnen, treue Kollegen/Kolleginnen und gute Freunde/Freundinnen erweisen und dann noch, wenn es wirklich „dran" ist, ihr Christsein auf natürliche Weise ins Gespräch bringen, dann ist das wie ein Türöffner in die Welt des Glaubens.

2. Erwachsene, die zum Glauben finden, nutzen eine Fülle kirchlicher Veranstaltungen

Beides ist nötig, gastliche Angebote der Gemeinde, in denen der Glaube zur Sprache kommt, und persönliche Kontakte. Letztlich brauchen wir aber eine große Koalition von Zeugen und Zeuginnen im Alltag und gastlichen Veranstaltungen. Den Erwachsenen, die wir befragten, war

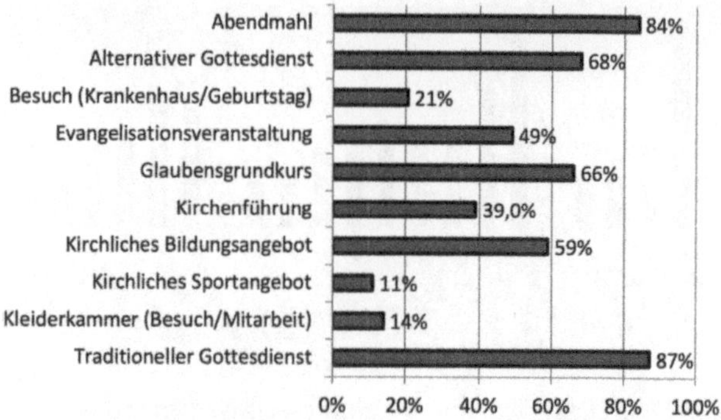

Abb. 7: Viele Veranstaltungen vertiefen den Bezug zum Glauben.

ein bunter Strauß von Veranstaltungen wichtig. Dabei sind diese insbesondere dann hilfreich, wenn Menschen bereits für den Glauben offen sind – weniger, um sie für den Glauben zu interessieren. Im Durchschnitt haben die Befragten neun verschiedene Veranstaltungen angegeben, die für den Kontakt und auch für den vertieften Bezug zum Glauben wichtig waren. Und das Spektrum ist ziemlich groß: vom traditionellen zum alternativen Gottesdienst, vom Kirchentag zur Evangelisationsveranstaltung.

Das heißt: Das Markenzeichen unserer Kirche, öffentlich gefeierte Gottesdienste, spielt auch eine wichtige Rolle dabei, wenn Menschen zum Glauben kommen – sowohl in traditioneller wie in alternativer Form. Insgesamt regen die Werte für Gottesdienste dazu an, an der Frage nach einer „missionarischen Profilierung" von Gottesdiensten weiterzudenken. Dahinter steht zuerst die Frage: Wie können Gottesdienste so gestaltet werden, dass sie für

Menschen auf dem Weg zum Glauben hilfreich sind? Wie können sie gastlich werden und sensibel für Menschen, die sich erst wieder auf den Weg machen und sich ihrer Sache durchaus nicht sicher sind?

3. Für Erwachsene, die zum Glauben finden, haben Glaubenskurse Hochkonjunktur

Glaubenskurse wurden von zwei Dritteln der Erwachsenen als bedeutsam für ihren Glaubensweg angegeben. Dabei sind sie für die Befragten weniger eine Kontaktmöglichkeit, als dass sie die Möglichkeit zu vertieftem Bezug oder zum Festmachen einer Glaubensveränderung bieten. Dies gilt für alle drei Konversionstypen. Die hohe Bedeutung von Glaubenskursen ist bemerkenswert, zumal es sie noch längst nicht überall gibt. Diese hohen Werte – ähnliche Zahlen finden wir bei Hauskreisen – kann man so interpretieren: Ein übersichtlicher sozialer Kontext ist für geistliche Prozesse hilfreich. Überschaubare Gruppen leben wesentlich von Beziehungen. Der Faktor „Person" ist wichtig und kommt hier besonders zum Tragen. Glaubenskurse leben ähnlich wie Hauskreise von Gespräch und Begegnung. Es gibt also im Glaubenskurs etwas für den Kopf und für das Herz. Es gibt Information und Begegnung, elementares Wissen, aber auch die Chance, dieses oder jenes zu durchdenken und auszuprobieren: Wie fühlt es sich an, wenn ich z. B. ganz unverbindlich anfange zu beten? Wir sind allerdings überzeugt, dass das nicht für jeden und jede gilt. Wer nicht gesellig ist, den Glauben nicht über den Kopf entdeckt und Diskussionen eher meidet, fühlt sich vielleicht fehl am Platz. Also Achtung: Glaubenskurse sind kein Allheilmittel.

4. Erwachsene, die zum Glauben finden, machen neue Erfahrungen mit dem Beten

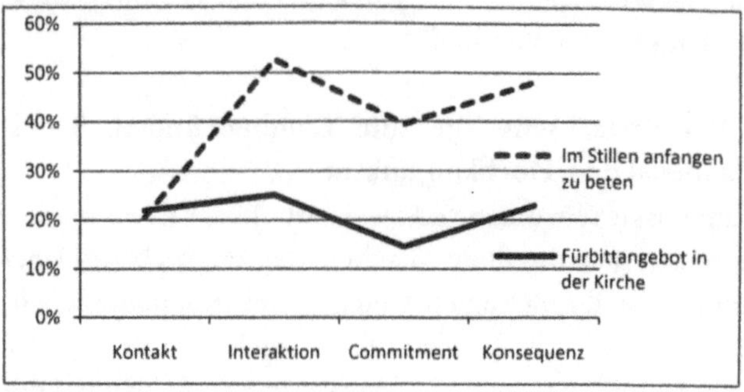

Abb. 8: Die Rolle des Gebets beim Weg zum Glauben.

Praktisch alle Befragten – nämlich 93 Prozent – gaben an, dass sie irgendwann im Prozess im Stillen angefangen haben zu beten. Fürbitten empfanden etwa zwei Drittel der Befragten als bedeutsam, das Friedensgebet etwa ein Drittel. Der „Renner" ist das Gebet im Stillen. Und für 40 Prozent der Befragten war es die Ausdrucksform, die ihr Ja zum Glauben annahm: Irgendwann haben sie ihr Ja mit einem stillen Gebet bekräftigt. Das stille Gebet ist eine Form, die als solche nicht besonders nach außen in Erscheinung tritt. Es spricht manches dafür, dass es hier der Faktor Anonymität ist, den viele schätzen. Was im Verborgenen geschieht, wird nicht beobachtet. Wer im Stillen betet, kann dabei unentdeckt bleiben. Michael Herbst hat es einmal so zugespitzt: „Gebt den Leuten die Chance, fromm zu sein, wenn niemand zusieht!" In vielen Gemeinden ist gleichwohl noch eine große Zurückhaltung zu beobachten, wenn es darum geht, zum Beten anzuleiten.

Für uns geht es genau darum, Menschen auf ihrer geistlichen Reise zu unterstützen, indem wir ihnen das Gebet als Gespräch mit Gott nahebringen, vorschlagen und mit ihnen einfache Formen des Gebets einüben. Es lohnt sich, viele Gelegenheiten zum Gebet anzubieten. Offenbar suchen Menschen Gebetserfahrungen und sind bereit, sich darauf einzulassen.

5. Erwachsene, die zum Glauben finden, schätzen es nicht immer, aber doch häufig, wenn ihr Ja zum Glauben in ein „Erlebnis in Gemeinschaft" eingebettet wird

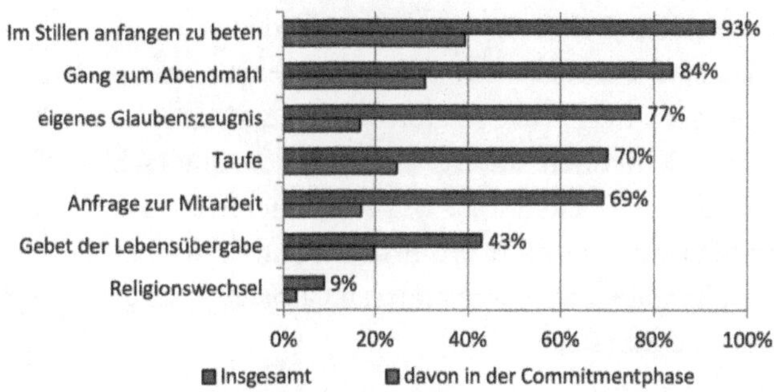

Abb. 9: Woran machen Menschen ihre Glaubensveränderung fest?

Man kann es mit der Frage pointieren: Woran machen Menschen ihre Glaubensveränderung fest? Auffällig ist die Breite der gewählten Antworten: Nicht etwa nur wenige prominente Angebote, vielmehr *jede* kirchliche Veranstaltung konnte als Chance zum „Commitment" dienen, vom stillen Gebet über das Ja zur Mitarbeit in der Gemeinde bis hin zum klassischen Gebet zur Lebensübergabe mit anderen Christen. Menschen machen das Neue fest. Sie spüren, dass etwas Neues in ihnen entstanden ist. Sie sind von Gott berührt worden. Er hat in ihr Herz gesprochen. Darauf antworten sie. Sie bekennen sich zu ihrem neuen Glaubensweg. Das Innere äußert sich. Zugleich bringt dieses Geschehen sie in Verbindung mit der Gemeinschaft der Glaubenden. Sie werden auf diese Weise vergewissert. Sie tun und empfangen etwas. Der Anfang wird konkret. Sie gehen Schritte. Sie feiern Neues. Da sind auf der einen Seite die stillen, diskreten, intimen und sehr verborgenen Formen. Man könnte sagen: *Respektiert es, wenn die Leute zum Glauben finden – und niemand schaut zu!*

Da sind auf der anderen Seite die eher gemeinschaftlichen, irgendwie liturgisch formatierten Möglichkeiten. Im Rückblick nennen unsere Befragten so unterschiedliche Ereignisse wie die Taufe, den Kircheneintritt, das Vortreten bei Evangelisationsveranstaltungen, das Gebet der Lebensübergabe mit einem anderen Christen oder den Gang zum Abendmahl.

Mit diesem Beitrag wurden einige Einsichten vorgestellt, die sich mit der religionspsychologischen Seite verbinden, wenn Menschen zum Glauben finden. Einiges dabei können wir nachvollziehen, beschreiben. Durch unsere Forschung wurde deutlich: Menschen finden zum Glauben. Das ist jedes Mal ein Wunder, aber es ist auch der Normalfall.

JESUS, ZU DIR KANN ICH SO KOMMEN, WIE ICH BIN?!

Konturen zu einer Ethik der Annahme

Sabine Schumacher

Vielleicht schenkt Dir und Ihnen diese Überschrift direkt einen Ohrwurm: „Jesus, zu dir kann ich so kommen, wie ich bin. Du hast gesagt, dass jeder kommen darf."[13] Es lohnt sich, diesem mithilfe des Liedtextes nachzugehen. Dieser Evergreen zeigt nämlich vieles auf, was die Annahme Jesu existenziell ausmacht: Kommen, ohne etwas beweisen oder vorlegen zu müssen. Ehrlich in Beziehung treten, mit allen lichten und schattigen Momenten des eigenen Lebens. Nicht auf die eigenen Grenzen festgelegt sein und so bleiben zu müssen, sondern veränderbar zu sein.

Bei einer solchen Liedmeditation gelingt es, immer tiefer in ein Thema einzutauchen, selbst von Worten und Bildern berührt zu werden. In verschiedenen Strophen kehrt ein leitender Gedanke oftmals in unterschiedlichen Facetten wieder.

Ganz ähnlich kann es sich anfühlen, wenn man das Johannesevangelium liest, aus dem die Jahreslosung stammt.

---

13 Manfred Siebald/Johannes Nitsch, in: Feiert Jesus, Bd.1, Neuhausen-Stuttgart 1995, Nr. 82.

Dem Verfasser geht es nicht um analytische Klarstellungen, was etwa unter Wahrheit, Annahme oder dem Willen Gottes konkret zu verstehen ist. Vielmehr ist ihm daran gelegen, immer wieder neu auf existenzielle Fragen im Beziehungsgeschehen zwischen Gott und den Menschen hinzulenken und damit die Lesenden selbst tiefer in die lebendige Beziehung zu führen, die Jesus mit seinem himmlischen Vater führt. Als systematisch denkende Theologin, evangelische Christin und Mensch, der seinen Alltag bewusst gestalten will, wünsche ich mir konkrete Aspekte, anhand derer ich die Worte der Jahreslosung bearbeiten und in mein Leben aufnehmen kann.

Zu solch einem Zweck lese ich gerne in den synoptischen Evangelien, anhand derer mir Jesus durch viele Gleichnisse, Reden und Handlungen zeigt, wie das Reich Gottes in meinem Leben konkret Gestalt annehmen kann. Ich schätze Paulus, der mit seinen theologischen Ausarbeitungen und Gemeindebriefen in verschiedene Situationen hineinspricht und aktiv herausfordert. So auch die Jahreslosung 2015 aus dem Römerbrief 15,7: *„Nehmt einander an, wie Christus euch angenommen hat zu Gottes Ehre.“* Ein klarer Appell, der in den Alltag spricht. Konkrete Fragen folgen: Was heißt es, angenommen zu sein? Warum fällt Annahme oft so schwer? Was heißt das für uns als Gemeinden/Gemeinschaften/Gesellschaft?

Doch jetzt sitzen wir vor der Jahreslosung 2022: ohne Appell und aus einem Kapitel, das eher meditativ und theologisch dicht versucht, sich dem Geheimnis und der Zuwendung Gottes zu den Menschen und deren Reaktion anzunähern. Johannes begegnet den gestellten Fragen anders, indem er Jesus immer wieder als das Brot des Lebens beschreibt und über inneren Hunger und Durst spricht.

Was bedeutet solch eine tiefgehende Meditation für unseren Alltag und den Umgang mit ethischen Fragen? Was beutet es für unser Leben, wenn Jesus uns zuspricht: „Wer zu mir kommt, den werde ich nicht abweisen?“

Das Ballspiel: Gottes umfassende Liebesbewegung

Wie bereits im Beitrag von Martin Werth festgestellt, findet sich hier im Griechischen das Wort *ekballo*, was so viel bedeutet wie hinausstoßen oder wegwerfen. Jesus verneint dies im höchsten Maße und will genau das Gegenteil, nämlich annehmen, sammeln, behalten, bei sich bewahren, auffangen. Ich schlage für die kommenden Seiten vor, dass wir dieses zentrale Verb ganz wörtlich nehmen und uns das christliche Leben als Ballspiel vorstellen. Der eigene Lebenskontext ist in diesem Bild das Spielfeld, Sport machen eine Alltagserfahrung, Ballsport die christliche Lebensform.

First things first: Blicken wir auf das Leben als ein Ballspiel, so ist es Gottes Gnade, dass ich mitspielen darf. Es ist seine Liebe, die alles Leben und Miteinander ins Rollen bringt. Sein Ehrgeiz und Tun ermöglichen es, dieses Spiel in Gang zu setzen. Er selbst ist der Ermöglicher dieses Gemeinschaftsspiel. Er wählt uns aus und will uns definitiv auf dem Spielfeld dabeihaben. Hier ist keine Ersatzbank vorgesehen, jede:r hat eine wichtige Position. Wir müssen nicht in Vorleistung gehen, nicht erstmal ins Trainingslager, sondern sind eingeladen mit dankbarem Herzen mitzuspielen. Schon die Jünger fragten: *„Was sollen wir tun, dass wir Gottes Werke wirken? Jesus antwortete und sprach zu ihnen: Das ist Gottes Werk, dass ihr an den glaubt, den er gesandt hat.“* (Joh 6,28–29) Er ist der gute Hirte (Joh 10), der sein Leben für die Schafe riskiert, und der Weingärtner selbst (Joh 15), der sich liebevoll um uns kümmert. Bei ihm gelten keine Vorbedingungen, sondern ich kann kommen, so wie ich bin, ohne darauf festgelegt zu sein. So wie es im obigen Lied heißt „Ich muss dir nicht erst beweisen, dass ich besser werden kann. Was mich besser macht vor dir, das hast du längst am Kreuz getan. Und weil du mein Zögern siehst, streckst du mir deine Hände hin.“

Jesus ist auf unser Spielfeld getreten, um uns zu helfen, Gottes Liebe anzunehmen. Gottes Zuwendung kann dahingehend als umfassende Liebesbewegung und Bewegungsenergie beschrieben werden, durch die er selbst an den Menschen handelt. So heißt es bei Johannes prominent: *„Denn also hat Gott die Welt geliebt, dass er seinen eingeborenen Sohn gab, auf dass alle, die an ihn glauben, nicht verloren werden, sondern das ewige Leben haben. Denn Gott hat seinen Sohn nicht in die Welt gesandt, dass er die Welt richte, sondern dass die Welt durch ihn gerettet werde.“* (Joh 3,16–17) Seine Liebe bewegt sich also wohlwollend auf uns zu.

Was können wir entdecken, wenn wir Gottes umfassende Liebesbewegung als den Spielball unseres Lebens betrachten? Wie können wir lernen, diesen Ball immer wieder neu mit geöffneten Händen aufzufangen, weiterzugeben und miteinander unterwegs zu sein?

Die Mannschaft: Leben in Gottes Familie

Allein Ball zu spielen ist nicht gerade hitverdächtig, dafür ist es nicht ausgelegt. Gleichermaßen entspricht es nicht dem Wesen der Liebe, bei sich selbst zu verharren. Vielmehr ist Liebe Bewegung, die sich im Miteinander und Füreinander zeigt. So ist Christsein grundlegend als Gemeinschaftsgeschehen zu verstehen. Dabei sind wir nicht nur als Teamplayer berufen, sondern als Gottes Kinder und eine gemeinsame Familie mit den unterschiedlichsten Familienmitgliedern zusammengestellt: *„Wie viele ihn aber aufnahmen, denen gab er Macht, Gottes Kinder zu werden: denen, die an seinen Namen glauben.“* (Joh 1,12)

Unverdient sind wir in Gottes Team und Familie aufgenommen. Die Möglichkeit eine:n andere:n vom Spielfeld zu schicken, haben wir nicht; wir können uns nicht entschwistern. Die Spieler:innen wählt ein anderer, und das unfassbar großzügig und liebevoll! Und nicht nur das, denn im christlichen Miteinander verschärft sich der etwas schnodderig anmutende Satz: „Freunde kann man sich aussuchen, Familie nicht." Denn Jesus nennt uns seine Freunde. So sollen wir uns nicht nur als Glaubensgeschwister und Teamplayer verstehen, sondern uns sogar mit freundschaftlicher Liebe begegnen, denn *„niemand hat größere Liebe als die, dass er sein Leben lässt für seine Freunde“* (Joh 15,13). Gegenseitige Liebe und Annahme folgt hier keinem romantischen Liebesideal, sondern sie kostet Kraft und bedarf immer wieder einer neuen bewussten Entscheidung. Miteinander leben in Gottes Familie und gemeinsame Freunde Jesu sein ist damit nicht unbedingt eine Happy-clappy-Veranstaltung, sondern mitunter das Spannungsvollste, was uns auf dem Spielfeld begegnen kann. Das Aushalten und Annehmen unterschiedlicher Spielweisen, Ideen und Vorstellungen weisen hier keine Laissez-faire-Beliebigkeit auf. Wir halten vielmehr Unterschiedlichkeiten für das größere Ganze aus.

Der Evangelist Johannes beschreibt damit eine Herzenseinstellung, die das Gegenüber als Freund Jesu annimmt und achtet.[14] Die Fußwaschung als Ort der Liebe (Joh 13) veranschaulicht uns, was dieser Dienst am konkreten Nächsten bedeutet: die eigenen vermeintlichen Vorrechte links liegen lassen, sich für den anderen die Finger schmutzig machen und mein Gegenüber groß machen. Nicht willkürlich oder der Form halber, sondern in Achtung vor dem Gegenüber.

Der Neutestamentler Udo Schnelle beschreibt dies folgendermaßen: „Bewusst wählt Johannes die Fußwaschung, um den konkreten Gehalt des Liebesgedankens zu illustrieren. Das Fußwaschen war ein niedriger, zu den Aufgaben des Sklaven zählender Dienst, eine konkrete und auch schmutzige Handlung, keineswegs nur ein liturgischer oder symbolischer Akt. Jesus selbst gibt seinen Jüngern ein Paradigma christlicher Existenz und Lebensführung, er nimmt sie hinein in das Liebeshandeln Gottes, das ihnen

---

14 Biblisch-theologisch betrachtet können wir als zusätzliche Gestalten der Liebe damit Barmherzigkeit, Mitgefühl und Freundschaft ausmachen. Diese lassen sich mit den Prinzipien Freiheit, Gerechtigkeit und Wahrheit verbinden. Siehe dazu auch Thorsten Dietz/Tobias Faix, *Transformative Ethik. Wege zum Leben. Einführung in eine Ethik zum Selberdenken*, Neukirchen-Vluyn 2021, S. 251 f., 254–257; Rochus Leonhardt, *Ethik*, Leipzig 2019, 114–142.

eine neue Existenz in der Bruderliebe eröffnet."[15] Dietrich Bonhoeffer konkretisiert das in seinen Alltag hinein, indem er den Bruder und seine Beziehung mit dem lebendigen Gott gewichtiger nehmen will als sich selbst: „Der Christus im Anderen ist immer stärker als der in der eigenen Seele". Es geht ihm nicht darum, theoretische, wohlklingende Leitbilder für ein gelingendes Miteinander zu entwickeln, sondern in aller Unvollkommenheit im Hier und Jetzt mit den Menschen unterwegs zu sein,[16] die ihm konkret vor die Füße geworfen sind.

Mit welchem Blick und welcher inneren Haltung schaue ich auf die Mitspieler:innen meines eigenen Spielfelds? Welche inneren Bilder prägen unsere Gemeinden und unser Miteinander?

Die Spielweise: Mehr als Fairplay

Zu einem guten Spiel gehören neben den Mitspieler:innen, ein geeignetes Regelwerk sowie ein:e Schiedsrichter:in und ein Coach. Jesus setzt die Regeln neu und vertieft damit, was schon in seiner eigenen hebräischen Bibel anklingt: *„Ein neues Gebot gebe ich euch, dass ihr euch untereinander liebt, wie ich euch geliebt habe, damit auch ihr einander*

---

15 Udo Schnelle, *Theologie des Neuen Testaments*, Göttingen [3]2016, S. 711.

16 Diesen Gedanken für das gemeinsame Leben treibt Bonhoeffer so weit, dass er festhält: „Wer seinen Traum von einer christlichen Gemeinschaft mehr liebt als die christliche Gemeinschaft selbst, der wird zum Zerstörer jeder christlichen Gemeinschaft, und ob er es persönlich noch so ehrlich, noch so ernsthaft und hingebend meinte." Dietrich Bonhoeffer, *Gemeinsames Leben*, München [23]1987, S. 20, 24.

liebhabt. Daran wird jedermann erkennen, dass ihr meine Jünger seid, wenn ihr Liebe untereinander habt." (Joh 13,34–35) Das ist mehr als Fairplay, welches über vorgegebene Regeln hinausgeht. Es scheint absurd, Liebe als Verhaltenskodex vorzuschreiben, denn Liebe im Sinne eines Gefühls kann man schlecht gebieten. Vielmehr stellt sie eine innere Haltung dar, die sich im Verhalten äußert. Als Mannschaftsgeist prägt sie unser Ballspiel entscheidend. Im Herzen gehören dabei Denken, Fühlen und Wollen zusammen, denn im biblischen Denken findet keine Trennung zwischen Körperlichkeit und Gefühlen gegenüber Vernunft und Rationalität statt.[17] Schon in 5. Mose 6,4–6 heißt es: *„Höre, Israel, der HERR ist unser Gott, der HERR ist einer. Und du sollst den HERRN, deinen Gott, lieb haben von ganzem Herzen, von ganzer Seele und mit all deiner Kraft. Und diese Worte, die ich dir heute gebiete, sollst du zu Herzen nehmen.*"

Aus ethischer Perspektive ist die Bibel damit nicht zuerst Normenquelle, sondern vielmehr Quelle der Identitätsbildung.[18] Im Mittelpunkt christlicher Glaubensgestaltung steht nicht das Einhalten externer Normen oder eines moralischen Kodex, sondern eine zu lernende und immer wieder einzuübende Herzenshaltung. Damit ist nicht die

---

17 Daniela Mailänder nennt dies „mit dem Herzen denken". Sie beschäftigt sich in ihrer Suche nach der eigenen Herzheimat u. a. mit einem guten Umgang mit den eigenen Emotionen. Sie will bewusster auf ihre Gefühle und Gedanken hören und sie als Beweger zu Handlungen ernst nehmen. Im Gespräch mit Gott will sie so dabei lernen, sich gut um ihr Herz zu kümmern. Mehr dazu bei Daniela Mailänder, *Herzheimat. Dort ankommen, wo Gott auf dich wartet*, Holzgerlingen ^{2}2021, S. 136–145.

18 Siehe Wolfgang Huber/Torsten Meireis/Hans-Richard Reuter, *Handbuch der Evangelischen Ethik*, München 2015, S. 76.

Fragerichtung „Was ist zu tun?“ leitend, sondern vielmehr „Wie ist etwas zu tun?“, um vom Geist Gottes geführt zu werden bzw. sich führen zu lassen. So fallen Glauben und Handeln nicht auseinander.[19] Es geht damit im christlichen Glauben nicht darum, die Spielfeldränder zu fokussieren, sondern von der Mitte des Spielgeschehens und dem Ball selbst zu denken und zu gestalten.[20] Dabei ist es ein großer hilfreicher Schatz, dass wir so viele Geschichten von Jesus überliefert bekommen haben. So können wir seinen Weg selbst ein Stück mitlaufen und von seiner Spielweise in der konkreten Begegnung mit Menschen lernen. Ethische Fragestellungen bleiben dabei immer auf dem zweiten Platz, denn für Jesus stehen Beziehungen und das Miteinander an erster Stelle. Über einfaches Fairplay hinaus zeigt er, wie es geht, Gottes umfassende Liebesbewegung als den Spielball im Blick zu behalten und diesen den Mitspieler:innen in die Hände zu werfen.

Udo Schnelle formuliert dies folgendermaßen: „Indem in der Gemeinde die Liebestat Jesu als Bruderliebe Gestalt gewinnt, ist Jesu einmaliger Dienst im Handeln der Glaubenden gegenwärtig. Die Jünger dürfen und sollen sich hineinnehmen lassen in die durch Gott ausgelöste Liebes-

---

19 Auf diese Weise baut insbesondere der Züricher Theologe Johannes Fischer seine ethischen Ausarbeitungen auf. Siehe dazu seine Hauptwerke *Leben aus dem Geist. Zur Grundlegung christlicher Ethik* (Zürich 1994), *Theologische Ethik. Grundwissen und Orientierung* (Stuttgart 2002), *Präsenz und Faktizität. Über Moral und Religion* (Tübingen 2019) sowie seine Online-Publikationen unter https://profjohannesfischer.de/.

20 Es scheint auch ein Spiel ohne Schiedsrichter:in zu sein. Unsere Entscheidungen, so oder so zu handeln sind damit immer vorletzte: Ethik bleibt stets vorläufig. Das letzte Wort hat ein anderer, nämlich Gott selbst.

bewegung und darin Jesus und ihrer Jüngerschaft entsprechen."[21] Das bedeutet, dass ich nicht theoretisch darüber fachsimple, wie man was machen könnte, sondern selbst gestalte und schaue, was mir Gott an konkreter Spielsituation vor die Füße legt.

Hier steckt sowohl eine große Herausforderung als auch ein hoffnungsvoller Zuspruch: Unsere Liebe untereinander hat missionarische Strahlkraft und ist die Außenwerbung für den christlichen Glauben. Andere bekommen Lust daran mitzuspielen. Ich will den Ball nicht für mich behalten, sondern schauen, wem ich diesen zuwerfen kann. Was Gott da im gegenüberliegenden Herzen tut, das habe ich nicht in der Hand, aber ich will mein Bestes geben, dass seine Botschaft ankommt.

Was kann ich vom Blick Jesu auf die Menschen lernen? Wer ist mein:e konkrete:r Nächste:r? Wen kann ich aufs Spielfeld einladen und animieren dabei zu sein?

Ausdauertraining erwünscht

In seiner Mannschaft zu sein und als Jünger:in das eigene Leben aus der Beziehung mit dem lebendigen Gott zu gestalten, braucht Ausdauer. Eine der zentralen Aufforderungen Jesu im Johannesevangelium lautet demnach: „Bleibt dran." Jesus spricht dabei vom Dranbleiben an seinen Worten, an der Liebe Gottes und dem Vertrauen auf ihn (Joh 8, Joh 12, Joh 14, Joh 15). Als Jünger:innen können wir bei

21 Udo Schnelle, *Theologie des Neuen Testaments*, Göttingen ^{3}2016, S. 710.

ihm in die Schule gehen, entdecken, wie wir uns auf unseren himmlischen Vater ausrichten können, und vom Vater selbst durch sein Wort und seiner umfassenden Liebesbewegung lernen (Joh 6).

Gott selbst hat uns Jesus eine Zeit lang als Trainer geschickt. Doch als Coach und Unterstützer ist Jesus nicht mehr leiblich am Ort des Geschehens, sondern sein Stellvertreter. Durch den Heiligen Geist sind wir keinem Spiel ohne Trainer ausgeliefert, denn er spricht uns ins Herz hinein, was Jesus selbst gelehrt und gelebt hat. Etwa die Bilder der unvergänglichen Speise (Joh 4, Joh 6) und des Weinstocks (Joh 15) konkretisieren, was es bedeutet, am Ball zu bleiben und mit ihm unterwegs zu sein. Es geht um die bleibende Beziehung und Bindung an den himmlischen Vater, aus der wir Kraft, Liebe und Handlungsperspektive schöpfen. Auch anhand des Gebetslebens von Jesus werden wir mit hineingenommen, um zu sehen, was es bedeutet, dranzubleiben und im Gespräch und der Fürbitte zu sein (Joh 17).

Unser Dranbleiben äußert sich darin, dass wir Zeugnis geben (Joh 6) und seiner Liebe Ausdruck verleihen im eigenen Handeln (Joh 13). So wird sein Leben und Wirken bewahrt, immer wieder neu aktualisiert und zu uns in die nachösterliche Gemeinde vergegenwärtigt.[22] Denn Jesu neues Gebot erweist sich darin, dass wir seine Liebe weitergeben und damit aktiv mitspielen. So pointiert Johannes 15,9–11: *„Wie mich mein Vater liebt, so liebe ich euch auch.*

---

22 Siehe Petr Pokorný / Ulrich Heckel, Einleitung in das Neue Testament. Seine Literatur und Theologie im Überblick, Tübingen 2007, 566 f.

Bleibt in meiner Liebe! Wenn ihr meine Gebote haltet, bleibt ihr in meiner Liebe, so wie ich meines Vaters Gebote gehalten habe und bleibe in seiner Liebe. Das habe ich euch gesagt, auf dass meine Freude in euch sei und eure Freude vollkommen werde."
Diese Verse sind den Studierenden und Absolvent:innen der Evangelistenschule Johanneum aus der Komplet, dem liturgischen Abendgebet am Dienstagabend, vertraut. Hier werden diese tiefen Worte einander zugesprochen und damit je neu in die Gemeinschaft hinein aktualisiert. Solche Routinen oder Rituale können helfen, die Liebe im Miteinander nicht aus den Augen zu lassen und sich darauf neu auszurichten. Nicht aus der eigenen Kraft, sondern durch die Kraft des Heiligen Geistes selbst. So folgt in der Komplet ein Gesang mit den Worten aus Psalm 31,6: *„In deine Hände befehle ich meinen Geist; du hast mich erlöst, HERR, du treuer Gott."*
Wir können nichts dazutun, sondern uns nur immer wieder neu mit offenen Händen nach ihm ausstrecken. Den Fokus ausrichten auf den Ball und von dieser Mitte des Spielgeschehens her denken und handeln. Darin liegt eine großartige Zusage: *„Aber der Tröster, der Heilige Geist, den mein Vater senden wird in meinem Namen, der wird euch alles lehren und euch an alles erinnern, was ich euch gesagt habe."* (Joh 14,26) Wenn das Ausdauertraining bedeutet, dann will ich gern am Ball bleiben.

Thematische Anknüpfungen

AUF DER SUCHE NACH HOFFNUNG

Meditation zum Titelbild von Inge Heinicke-Baldauf und zur Jahreslosung

Johannes Beer

Das Bild von Inge Heinicke-Baldauf zur Jahreslosung 2022 teilt sich auf den ersten Blick in drei Teile. Im oberen Bereich ist eine hellblaue Fläche, deren Farbigkeit etwas ins Violette geht und unregelmäßige, kleine, schwebende Formen enthält. Darunter ist ein hellroter Bereich, der sich ganz aus Gesichtern zusammensetzt. Diese sind, abgesehen von der Kopfform, durch in Weiß eingezeichnete Augen mit deutlichen Augenbrauen, Nasen und offenen Mündern gekennzeichnet. Vor dieser Menge steht eine dunklere menschliche Gestalt. Sie ist in einem Braunton mit hellblauen Flecken und eigenartigen Strukturen darauf gehalten. Die Umrisse und die Form der Figur ist klar vom Hintergrund abgesetzt, aber Einzelheiten, wie zum Beispiel das Gesicht oder die Haare, Strukturen der Kleidung oder ähnliches, hat die Künstlerin nicht ins Bild gesetzt. Es ist nicht einmal zu erkennen, ob diese menschliche Gestalt mit dem Rücken oder der Vorderseite zum Betrachtenden dargestellt ist. Die stehende Figur hat die Arme erhoben und streckt sie rechtwinklig vom Körper weg. Da die Gestalt aus der Bildmitte heraus fast bis an den linken Bildrand herangerückt ist, können wir nur einen Arm sehen. Aber wir ahnen durch die angeschnittene Schulterpartie, dass der nicht dargestellte Arm dieselbe Haltung wie der gezeigte hat. Die Hand am gestreckten Arm ist vollständig offen, die Finger sind gestreckt und etwas gespreizt.

Erste Assoziationen

Wir alle kennen solche Bilder von Fotografien großer Veranstaltungen her. Da sind viele Menschen zusammengekommen. Sie stehen dicht gedrängt vor einer Bühne oder einem Podest. Sie haben die Augen aufgerissen, um ja nichts zu verpassen. Aufmerksam sind sie, konzentriert auf den, der vor ihnen steht. Erhitzt vor Aufregung leuchten ihre Gesichter und Köpfe rot.

Und auch auf manchem dieser Fotos ist von dem Menschen, der der Menge gegenübersteht, nicht viel an Einzelheiten zu erkennen. Die Scheinwerfer, die auf ihn gerichtet sind, das Licht, in dem er steht, lässt seine Gestalt zur dunklen Silhouette werden. Doch manchmal reflektiert der Körper einen Widerschein der bunten, tanzenden Bühnenbeleuchtung.

Die Menschen sind vielleicht zusammengekommen, um einen Politiker, eine Politikerin ihres Vertrauens zu hören und zu bejubeln. Sie hängen an seinen Lippen. Sie wollen ihm folgen. Kritische oder ablehnende Personen finden sich wohl kaum unter diesen Menschenmassen. Sie sind eher auf Abstand, ganz am Rande des Geschehens. Und die Politiker oder Politikerinnen geben der Menge, was sie erwartet. Sie öffnen sich und ihre Arme zu den Menschen hin. Sie umarmen symbolisch alle. Auf manchen Pressefotos und in gewissen Fernsehberichten ist genau dies zu sehen.

Aber wir kennen auch den Missbrauch solcher Szenen durch Demagogen und Populisten. Sie wollen aus Eitelkeit, dass die Massen ihnen zujubeln. Sie haben unlautere Ziele bis hin zum Krieg und verführen die Menschen, ihnen zu folgen. Sie versprechen Haltloses, um dadurch ihre schlechten Ziele durchzusetzen.

Die Menschen sind vielleicht zusammengekommen, um einen Star der Musikszene zu hören und mit ihm ein Fest der Musik und der Freude zu feiern. Sie hängen an seinen Lippen. Sie singen lauthals die bekannten Songs mit. Sie stimmen ein und werden für einen Augenblick mit ihrem Star eins. Freudig erregt feiern sie mit glühenden Köpfen. Und der Star nimmt den Jubel entgegen. Auch er breitet die Arme aus, um alle willkommen zu heißen und alle symbolisch zu umarmen.

Die Menschen sind vielleicht zusammengekommen, um gemeinsam Gottesdienst zu feiern. Zwar sind Massengottesdienste in Deutschland eher selten, werden aber immer wieder gerne aus besonderen Anlässen gefeiert. Ich erinnere mich an manches kirchliche Festival, an Open-Air-Gottesdienste bei Volksfesten und natürlich an Kirchentagsgottesdienste. Es ist schon etwas Besonderes, da auf der Bühne vor einer dichtgedrängten Menschenmenge zu stehen und zu erleben, wie alle eins werden in Gebet und Gesang. Mit leuchtenden Gesichtern feiern viele Menschen gemeinsam das Lob Gottes.

Leider gibt es auch auf dem Gebiet der Massengottesdienste Missbrauch, wenn Predigende sich selbst, statt die Botschaft Gottes in den Mittelpunkt stellen, wenn sektiererische und falsche Heilsversprechen im Vordergrund stehen.

All das sind Szenen, an die ich durch das Bild von Inge Heinicke-Baldauf zur Jahreslosung 2022 erinnert werde. All das sind Szenen, die ich durch Pressefotos, Filmberichte oder auch durch eigenes Erleben kenne und die nun mit ihren bildhaften Erinnerungen in mir aufsteigen.

Die biblische Erzählung

Die Jahreslosung 2022 – *„Jesus Christus spricht: Wer zu mir kommt, den werde ich nicht abweisen."* – stammt aus der fortgeführten Erzählung von der Speisung der 5.000. Vorhergehend erzählt das Johannesevangelium von dem Weinwunder zu Kana, der Tempelreinigung, dem Besuch des Nikodemus und von Heilungen. Es wird klar, dass man über Jesus redet. Die Nachrichten von ihm gingen von Ort zu Ort und wurden weitergetragen. Man erzählt sich die Begebenheiten und diskutiert sie. Die Zeichen, die er tut, und die Worte, die er sagt, werden weitererzählt. Jesus eilt ein Ruf voraus. Die Erwartungen an ihn sind hoch und so strömen viele Menschen zu ihm. Denn Jesus muss man gesehen und erlebt haben. Da muss man dabei gewesen sein. Und so versammelt sich eine große Menge von Menschen um Jesus.

Was sie wirklich erwarten oder erhoffen, ist unklar. Sicher sind einige auf Zeichen und Wunder aus, weil sie sensationslüstern sind. Sicher erhoffen einige körperliche Heilung für sich oder einen ihrer Lieben. Sicher sind manche fasziniert von seinen Reden und Predigten und wollen mehr davon hören. Vielleicht sehen sogar einige schon zu diesem Zeitpunkt in Jesus den, den Gott gesandt hat, um Israel zu befreien. Ob sie damit den Christus verbinden, wie wir es nach der Kreuzigung und Ostern tun, so, wie wir ihn heute verstehen, ist mehr als zweifelhaft. Und sicher sind auch einige dabei, die nur gekommen sind, weil die anderen dorthin gingen. Sie sind neugierig und erwarten bestenfalls ein bisschen Abwechslung von ihrem eintönigen Alltag und Unterhaltung in einer für sie trostlosen Welt. Aber sie sind alle da. Sie alle sind zu Jesus gekommen, auch wenn sie vielleicht selbst nicht so genau wissen, warum. Und Jesus weist keinen von ihnen ab.

Die Suchenden

All diese Menschen, die zu Jesus kommen, verbindet die Situation ihres Lebens: Das Land ist von den Römern besetzt. In Israel herrscht unter dem Statthalter ein König von Gnaden des römischen Kaisers. Und dieser König hat wahrlich andere Interessen, als für das Wohl des Volkes zu sorgen. Das tägliche Leben ist hart, von staatlicher Willkür geprägt und das Auskommen und die Nahrung keineswegs immer gesichert.

Die Vision vom kommenden Sohn Davids, der die Römer und den Vasallenkönig aus dem Land treiben wird, ist allgemein verbreitet. Er soll das Reich Davids unter Gottes

Segen aufrichten. Er soll eine gerechte und fürsorgliche Regierung führen, unter der es allen aufrechten und frommen Israeliten gut gehen wird. Dann werden sie in Frieden leben und alles haben, was sie brauchen. Dann wird durch ihn, den Sohn Davids, das Paradies auf Erden für sie errichtet werden. Das ist eine Hoffnung, die alles durchzieht, die trägt und schlechte Zeiten durchstehen lässt.

Schauen wir auf diesem Hintergrund auf das Bild von Inge Heinicke-Baldauf zur Jahreslosung 2022, erkennen wir in der hellroten Masse diese Menschen. Die Sehnsucht hat sie zu Jesus getrieben, eine Sehnsucht, die sie selbst wahrscheinlich nicht näher bestimmen oder gar in Worte fassen konnten. Aber sie alle haben irgendwie gespürt, dass in ihrem Leben etwas fehlt, dass sie hungrig nach etwas sind.

Immer wieder haben sie erlebt, dass Menschen als Prediger und Heiler durch das Land zogen. Immer wieder brach die Hoffnung auf, dass nun der Messias endlich gekommen sei, dass nun der Sohn Davids endlich Israel befreien würde. Einzelne und ganze klösterliche Lebensgemeinschaften zogen sich aus dem Trubel der Welt zurück, um sich auf diesen Kommenden vorzubereiten. Und immer, wenn einer im Namen Gottes auftrat, rannten viele hin und fragten ihn: „Bist du es, der da kommen soll?“ Aber immer wieder wurden sie enttäuscht. Keiner von ihnen entsprach den Erwartungen. Keiner von ihnen erfüllte die Hoffnungen. Immer blieb nur ein schaler Nachgeschmack.

Jetzt waren sie zu Jesus gelaufen, um ihn zu hören, zu sehen, zu erleben. Wieder keimte ihre Hoffnung auf. Wieder lebte die Erwartung auf. Mit großen Augen beobachten sie

Jesus. Mit offenem Mund lauschen sie seinen Worten. Und Jesus wendet sich ihnen ganz zu. Er öffnet sich für sie und predigt ihnen Gottes Liebe. Er sieht die Menschen und ihre Not und breitet die Arme aus, um alle anzunehmen. Er weist keinen von ihnen ab.

Die Gesättigten

Die Menschen sind so sehr auf der Suche nach Hoffnung und Perspektive gewesen, so sehr waren sie durch die Suche nach dem Sohn Davids gefangen genommen, dass sie vergessen hatten, für sich selbst, für ihren eigenen Proviant zu sorgen. Aber es fiel ihnen nicht einmal auf. Nur Jesus sieht die Menge von 5.000 Menschen. Er sieht die offenen Augen und Ohren, aber eben auch die offenen leeren Münder. Er sieht die Menschen und weiß, was ihnen fehlt. So fragt er Philippus: *„Wo kaufen wir Brot, damit diese zu essen haben?"* Nur ist das, was sie kaufen könnten, wenn denn überhaupt etwas zu kaufen wäre, niemals genug, damit alle in dieser Menge auch nur ein bisschen bekommen könnten. Allerdings ist ein Junge da, der fünf Brote und zwei Fische hat. Das würde nicht einmal für Jesus und die Jünger reichen, von der Menschenmenge ganz zu schweigen.

Jesus weiß, dass das alles nach menschlichen Maßstäben hier nicht geht. Er und alle anderen wissen, dass sie unter diesen Bedingungen hungrig bleiben müssten. Und jetzt, da vom Brot die Rede ist, merken sie auch ihren Hunger. Sie sperren ihre Münder auf, weil ihnen Nahrung fehlt.

Jesus allerdings weiß, was er jetzt tun wird. Er lässt die Menschen sich lagern, betet und verteilt dann die Brote und die Fische. Jeder kann so viel bekommen und essen, wie er will und bis er satt ist. Es bleiben sogar zwölf Körbe voll von den geteilten fünf Broten übrig.

Wen wundert es, dass diese Menschen nun satt sind. Und sie sind auch in einem nicht körperlichen Sinne gesättigt worden. Sie brechen in Lob aus: *„Er ist wirklich der Prophet, der in die Welt kommen soll!“* Aber so wirklich haben sie Jesu Auftrag trotzdem nicht verstanden. Sie denken und hoffen immer noch viel zu irdisch. Sie sind in ihren alten Vorstellungen verhaftet. Sie wollen Jesus zu ihrem König machen. Denn wer den Hunger der Menschen sieht und mit so wenig so viele satt machen kann, unter dem ist gut leben. Der sieht doch wohl auch die anderen Nöte der Israeliten und wird diese Nöte wenden. Der kann den Frieden, Schalom, bringen, was ja die Zeit des vollständigen Wohlergehens ist.

Aber da nimmt Jesus seine Hände herunter und zieht sich zurück. Dieser Weg ist nicht sein Weg. So sehr er als König der Juden gekreuzigt werden wird, ein irdisches Königreich ist nicht das Ziel seines Wirkens.

Die Suchenden

Mit einem Mal ist die Menschenmenge also ohne ihr Gegenüber. Die suchenden Augen gehen ins Leere. Die vor Aufregung roten Köpfe haben nichts mehr, worauf sie sich ausrichten können. Alle Hoffnung droht, wieder enttäuscht zu werden. Jesus hat sich ihnen entzogen.

Aber so schnell geben sie nicht auf. Zu viel Gutes haben sie von Jesus erlebt und mitbekommen, um ihn einfach loszulassen. So suchen sie ihn. Folgen den Spuren und treiben ihn schließlich am anderen Seeufer auf. Immer noch wollen sie ihn zum König machen, aber Jesus verwickelt die Menschenmenge in ein Gespräch. Mit erhitzten Köpfen schildern sie ihre Hoffnungen und Erwartungen. Sie argumentieren mit der Bibel. Und Jesus zeigt ihnen ein ums andere Mal ihre Missverständnisse auf. Aber sie formulieren ihren Hunger, ihren innersten Hunger. Sie wollen für immer gesättigt sein. Und Jesus weist keinen von ihnen ab.

Schließlich offenbart ihnen Jesus sich selbst: *„Ich bin das Brot des Lebens.“*

Aber er weiß, dass sie die Tiefe dieses Satzes nicht verstehen können. Er weiß um den Hunger der Menschen, die mit erregten Köpfen, mit offenen, staunenden Augen und Mündern an seinen Lippen hängen und seine Worte aufsaugen. Er offenbart sich als Christus, als Gottes Sohn. Und doch kann die Bedeutung dieses Satzes erst nach dem Abendmahl, nach Kreuzigung und Auferstehung annähernd erfasst werden. Jesus steht den suchenden Menschen gegenüber. Er gibt ihnen, wonach sie fragen. Er öffnet sich ihnen ganz als der Sohn Gottes. Aber sie können es nicht begreifen und bleiben letztlich Suchende.

Und wir?

Unsere Situation ist anders als die der Menschen, die direkt zu Jesus kommen konnten: Wir leben in Deutschland in einem freien Land mit Religionsfreiheit. Wir leben trotz aller sozialen Unterschiede in einem Land mit gutem Wohlstand und genügend Nahrung. Wir haben viele Möglichkeiten, von denen die Menschen zu Jesu Zeiten nicht einmal träumen konnten. Gut, auch wir haben unsere Krisen. Corona mit all seinen Folgen hat uns die Verletzlichkeit unserer Gesellschaft deutlich vor Augen geführt.

Aber auch in unserer Zeit sind viele Menschen Suchende. Sie hungern nach einer Sättigung, die kein normales Nahrungsmittel stillen kann. So haben religiöse Meditationen, Patchworkreligionen und esoterische Angebote nach wie vor hohen Zulauf.

Und doch lädt Jesus uns immer wieder neu ein, indem er sich als Sohn Gottes offenbart. Er hat für uns das Abendmahl eingesetzt und ist für uns am Kreuz gestorben und am dritten Tag auferstanden. Jesus spricht auch heute zu uns: *„Ich bin das Brot des Lebens; wer zu mir kommt, wird nie mehr hungern, und wer an mich glaubt, wird nie mehr Durst haben. … Alles, was der Vater mir gibt, wird zu mir kommen, und wer zu mir kommt, den werde ich nicht abweisen.“*

Noch stehen wir ganz am Anfang diese Jahres 2022. Wir wissen nicht und ahnen noch nicht einmal, was dieses Jahr alles für uns bereit hat, weder an Gutem noch an Krisen oder an Schlechtem. Und doch lehrt uns die Erfahrung der vergangenen Jahre, dass wohl von allem etwas dabei sein wird. Ist es da nicht eine tröstliche Aussicht, dass wir zu allen Zeiten, in jeder Situation mit allem zu Jesus kommen können? Immer wieder neu dürfen wir uns in die Menge begeben, die mit rotem Kopf vor Jesus steht, die mit offenen Augen und Ohren an seinen Lippen hängt, deren hungrige Münder vom Brot des Lebens gesättigt werden. Jesus hat die Arme ausgebreitet, um uns alle willkommen zu heißen. Er nimmt jede und jeden von uns an und auf. Er will und wird uns in die Arme schließen.

„Jesus Christus spricht: Wer zu mir kommt, den werde ich nicht abweisen.“

„HINTERM HORIZONT GEHT'S WEITER!"

Oder: Wir weisen die falschen Menschen ab

Frank Heinrich

Als frischgebackener Sozialpädagoge stand ich eines Nachts hinter dem Tresen der „Insel" in Freiburg, einem Café der Heilsarmee für die Gestrandeten, die Lebenskünstler und Originale der Straße, sozusagen „Heilsarmee at its best". Ein Besucher, der offensichtlich aufgrund seines Alkoholpegels dachte, mit mir als Kneipier im Gespräch zu sein, sagte mir in beiläufigem Plauderton: „Für uns auf der Straße gibt es in der Gesellschaft nur eine Gruppe, die noch niedriger angesehen ist als die Politiker – und das sind die Sozialpädagogen." Volltreffer!

Der andere Blick

Vordergründig bin ich zwölf Jahre lang Bundestagsabgeordneter, aber hintergründig gehöre ich der Heilsarmee an – immer noch. Ich schätze die deutlich größere Offenheit der Menschen, die klassischerweise in Heilsarmee-Einrichtungen kommen, die deutlich offener als der Durchschnitt der Gesellschaft miteinander umgehen. Auch wenn der eingangs erwähnte Besucher der „Insel" nicht mitbekommen hatte, dass er mit einem Sozialpädagogen sprach – in seinem Sinne bin ich in meinem Leben von dem letzten auf den vorletzten Platz aufgestiegen. Ein etwas anderer Blick auf „meine Karriere“ als ich ihn im Allgemeinen erlebe. Und genau das will ich mir nicht nehmen lassen: Den anderen Blick, den Blick hinter meinen bisherigen Horizont.

Vordergründig geht es in unserem Zusammenleben als Menschen viel zu oft darum, auf andere herabzuschauen. Da unterscheiden sich die sozialen Schichten höchstens bei den Themen: Die Fans von Borussia Dortmund schauen auf die Fans von Bayern München herab (und umgekehrt selbstverständlich auch), die Reichen auf die Armen und die Superreichen auf die Reichen, die Kokainabhängigen auf die, die Heroin durch die Nase ziehen, und diese wiederum auf die, die Heroin drücken, und nicht zuletzt stehen auch wir Politiker in der Gefahr, auf die Kollegen aus anderen Parteien herabzuschauen. Hintergründig geht es um Selbstwertempfinden. Indem wir andere abwerten, möchten wir uns selbst aufgewertet wissen. Ob das mit diesem Ansatz gelingt, sei einmal dahingestellt. Jesus war da offensichtlich anders: Er blickte hinter den Horizont, auch indem er sagt: *„Wer zu mir kommt, den werde ich nicht abweisen.“*

Vordergründig geht es bei der Aussage darum, Jesus zu begegnen, aber eigentlich um eine engere Verbindung zu Gott, den Jesus den „Vater unser“ nannte. Jesus stellt sich als den Schlüssel dazu dar: Vordergründig steht im Mittelpunkt, dass er niemanden abweisen wird, aber hintergründig geht es um ein Leben nach dem Tod, um das ewige Leben. Weiterhin geht es vordergründig um mich: Ich kann zu Jesus kommen, und er wird mich nicht abweisen.

Er beruft mich in die Beziehung zu Gott und schenkt mir dazu das ewige Leben. Hintergründig geht es um meine Berufung, meine Mitmenschen nicht abzuweisen.

Niemanden abweisen

Es ist meine feste Überzeugung, dass es eine „Riesen-Sache" ist, dass Jesus niemanden von sich weist – vordergründig. Aber hintergründig bedeutet das, dass durch diesen Fakt die Welt verändert wird. Jesus hat alles darauf angelegt, diesen Job nicht allein zu machen. Unter welchen Gesichtspunkten er seine Kollegen ausgewählt hat, welchen Lebensstil er mit ihnen geteilt hat, wie er sie geprägt hat, kurz, sein ganzes Leben wirkt wie ein Brennglas, das uns herausfordert, ermutigt und ein Beispiel gibt, so zu leben wie er. Auch unsere Lebensberufung besteht darin, niemanden abzuweisen. Ich gehe so weit zu behaupten: Jeder, der leichtfertig jemanden abweist, entwertet das, was Jesus getan hat, für ihn getan hat. In diesem Sinne möchte Jesus keineswegs, dass wir ihn nur zu einem gewissen Maß nachmachen, er will, dass wir ihm nachfolgen, IHN verstehen, IHN kennen, zu IHM Um-ge-kehrte sind. Doch viel zu oft erlebe ich, dass wir nur die im Blick haben, die sich innerhalb unseres gewohnten Horizonts aufhalten, die wir kennen, die uns vertraut sind, deren Lebensstil wir teilen. Jesus sieht weiter, hinter unseren Horizont. Ihm ist daran gelegen, dass wir nicht länger die falschen Menschen abweisen, weil sie nicht in unsere heile (Lebens-)Welt passen. Jedenfalls ist das meine persönliche Erfahrung.

Damit meine ich durchaus mich in meinen unterschiedlichen Rollen: Als Sozialpädagoge, der durch seine Professionalität in der Gefahr steht, nicht mehr hinter den Horizont zu blicken. Aber auch da, wo ich als Pastor und Seelsorger nicht mehr zulasse, diesen Blick zu wagen. Und nicht zuletzt in meiner Tätigkeit als Abgeordneter in manchem Bürgergespräch in meinem Wahlkreisbüro. Die Not des Einzelnen übersteigt oft den Horizont meiner Vorstellungskraft. Dann bin ich dazu berufen, Jesus in dem Sinne nachzufolgen, dass ich diejenigen nicht abweise, die in ihrer Not hinter meinem Horizont hervortreten.

Vordergründig hatte ich als Heilsarmee-Offizier manchmal den Eindruck, dass wir für andere Christen als eine Art Feigenblatt in der Kirchenlandschaft fungieren mussten: Ihr kümmert euch um die, die sich „hinter unserem Horizont" befinden, wir dagegen beten und spenden für euch – was ich unbedingt auch weiterhin empfehlen möchte, denn die Heilsarmee macht einen genialen Job. Hintergründig ist es die Berufung von uns allen, hinter den eigenen Horizont zu blicken: Als gutsituierte Kirchengemeinde, als Gemeindemitglied, als Rechtsanwältin, als Familienvater, als Berufspolitikerin, als Jesusnachfolger eben. Jesus hat es uns vorgemacht, wir folgen ihm nach. Er hat sogar Aussätzige an sich herangelassen, was ich unglaublich beeindruckend finde. Dieser Skandal spielte sich weit, weit hinter dem Horizont der damaligen Gesellschaft ab, denn die Annährung eines Aussätzigen an einen Gesunden, noch dazu an einen etablierten Rabbi, galt als Tabubruch. Im Evangelium nach Lukas wird eine solche Begegnung kurz und knapp geschildert. Offensichtlich nähert sich ein

Aussätziger Jesus bis auf Armeslänge. Diejenigen, die mit Jesus unterwegs waren, hatten sicherlich längst die Kurve gekratzt und starrten auf Zehenspitzen und aus sicherem Abstand auf das, was vor sich ging. Jedenfalls macht Jesus nicht viel Worte, aber er handelt für alle sichtbar: Er fasst den Aussätzigen an. Damit reißt er gesellschaftliche Schranken nieder und durchbricht die fast vollständige soziale Ausgrenzung dessen, der zu ihm gekommen war. Er ließ das Schicksal dieses Menschen an sich heran. Luther übersetzt: *„Es jammerte ihn."* Dafür nahm er in Kauf, dass er eine Zeit lang nicht in den Tempel gehen durfte, also seiner Frömmigkeit nicht so nachgehen konnte, wie er es gerne getan hätte. Im Gegenzug hatte das mehrfach befreiende Folgen: Für den Aussätzigen, der gesund wurde. Für die Umstehenden, denen er ein Vorbild für einen barmherzigen Umgang mit Ausgestoßenen gegeben hat. Für uns, die wir uns heute noch herausfordern lassen können, hinter unseren eigenen Horizont zu blicken.

Die Jahreslosung

Vordergründig sagt die Jahreslosung, dass jeder, der zu Jesus kommt, nicht abgewiesen wird. Wer schon längere Zeit regelmäßig in sonntägliche Gottesdienste geht, wird das vermutlich mehr als einmal gehört haben. Hintergründig möchte ich mir erlauben, das für unsere Lebenspraxis infrage zu stellen. Sobald wir mit unseren Mitmenschen in Kontakt kommen, die hinter unserem selbstdefinierten Horizont leben, entstehen mindestens gute Gelegenheiten, die Nagelprobe zu machen. Ich glaube, dass wir viel zu oft die Falschen abweisen, viel zu viele Gelegenheiten verpassen, die Jesus genutzt hätte. Ich denke an die, die in den Fußgängerzonen unserer Innenstädte den Hut hinstellen, um etwas teilzuhaben an dem, was wir haben. Wie gehen wir mit ihnen um? Wechseln auch wir die Straßenseite? Ich denke an die Diskussionen auf Geburtstagsfeiern, wenn es gegen „die da oben" geht. Es kann sein, dass kein einziger Anwesender auch nur einen von „denen da oben" persönlich kennt. Doch verurteilen reicht, warum nicht gleich fluchen? Wer stellt sich zu mir und meinen Kolleginnen und Kollegen, indem er „uns" nicht abweist? Ähnliches gilt für „die" Polizei oder „die" Reichen, „die" Asylsuchenden oder „die" Asozialen.

Wo unser persönlicher Horizont endet und wen wir womöglich intuitiv abweisen, obwohl er zu Jesus gekommen ist, ist sehr individuell. Wie steht es um den Umgang mit den Christen von der anderen Straßenseite? Wie funktioniert die Zusammenarbeit, auch dann, wenn das Gegenüber anders mit dem Heiligen Geist umgeht oder der Hölle nicht denselben Stellenwert zuschreibt wie ich? Was ist mit dem jungen Mann, der schon lange nicht mehr aufgetaucht ist und doch zu dir genug Vertrauen hat, dass er über seine Sexualität mit dir reden würde? Was wird er in deinen Augen sehen, wenn er sich outet? Oder die ehemalige Schulkameradin, die seit eh und je und bei allen unten durch ist? Besteht für dich auch die Gefahr, dass du dich bei ihr mit diesem „Unten-durch" ansteckst?

Von Jesus stark geprägt, unterstreicht Paulus mit dem Satz *„Nehmt einander an, wie Christus euch angenommen hat"*, dass es um mehr Mitmenschen geht als um die, die sich innerhalb meines Blickwinkels, meiner Gruppe Gleichgesinnter, meines Horizonts befinden. Deswegen behaupte ich, dass wir die falschen Menschen abweisen, weil ich bei Jesus ein anderes Verständnis erkenne, nach dem er seine Auswahl trifft: Vollkommen egal „wer zu mir kommt …“ Er redet anders mit ihnen und über sie als ich es damals wie heute bei vielen von uns entdecke. Er lässt den Aussätzigen zu sich durchdringen, er berührt ihn sogar. Er „hängt mit Leuten ab“, die anrüchig sind und sieht selbst in Soldaten, Klerikern und den Römern zuerst „Kinder Gottes“, auch wenn er sich nicht scheut, sie gelegentlich zu kritisieren. Für ihn sind die Bewohner Samarias weit mehr als „falsche Gläubige“. Schon öfter habe ich im Stillen gedacht, die Haltung der Juden zu Lebzeiten von Jesus zu den Bewohnern Samarias erinnert mich stark an die Reaktionen in meinem Umfeld auf Flüchtlinge, die vielfach als „falsche Einwohner“ angesehen werden. Gott sei Dank nicht von allen meinen Mitmenschen.

Vordergründig kommt mir manchmal der Verdacht, Jesus hatte eine Vorliebe für Menschen, die ihm Schwierigkeiten eingebracht haben. Gleichzeitig stellt er damit die Reihenfolge von Macht und Wichtigkeit auf den Kopf und am Ende bringt ihm das das Todesurteil ein. Hintergründig fragte mich einmal ein Freund in meiner Zeit als Sozialarbeiter bei der Heilsarmee: „Wenn Jesus heute leben würde, wäre es dann nicht wahrscheinlich, dass er wieder umgebracht würde? Oder man würde ihn wegsperren, womöglich in der Psychiatrie.“ Und dann fügte er nonchalant hinzu: „Und warum rennen wir Nachfolger dieses Jesus dann ohne wirkliche Schwierigkeiten rum? Machen wir da vielleicht irgendwas falsch?“ Soweit würde ich nicht gehen, aber mich doch zu der Behauptung durchringen: Wir haben unseren Horizont ganz schön eingeschränkt und viel zu wenige wagen den nicht selten riskanten Blick darüber hinaus.

Beispielhaft

Zwei Beispiele zum Abschluss: Am Wahlabend feiern die meisten Kandidaten eine sogenannte Wahlparty. Als Dankeschön an das Wahlkampfteam und die Parteimitglieder ist es üblich, dass alles kostenlos ist. Vermutlich aus diesem Grund hatten sich zwei Mitbürger ohne eigenes Einkommen und auffällig anders gekleidet als das durchschnittliche CDU-Mitglied eingeschlichen und ließen es sich gut gehen. Einer meiner Kollegen verlangte von meinem Büroleiter, dass er die beiden doch bitte des Raums verweisen möge. Meine Frau sprang meinem Mitarbeiter zur Seite, indem sie sagte: „Das ist Franks Party und bei uns ist es so üblich, dass jeder bleiben darf, solange er sich nicht daneben benimmt.“ Ende der Diskussion.

Das zweite Beispiel führt uns an den Anfang zurück: ins Freiburger Café „Insel“. Dorthin kam Käpt'n und da er zu Jesus gehörte, gehörte er auch zu uns. Auf dieser Basis war er bei uns Stammgast. Wir liebten ihn, das Original, und er fühlte sich bei uns willkommen. Doch an diesem Abend stand ein weiterer Gast mit Käpt'n und mir am Tresen, der uns und insbesondere mich beobachtete. Und was folgte, war für mich einer der schlimmsten Momente meiner Dienstzeit. Irgendwann schaute der sehr fromme Student aus einer befreundeten Gemeinde mich an und sagte kopfschüttelnd und auf Englisch – wohl damit Käpt'n ihn nicht verstand – in unsere Richtung: „Just leave it – it's not worth it!" (Lass es einfach sein, es ist es nicht Wert.) Bis heute hoffe ich, dass er nicht gemeint hat, was ich damals verstand. Hatte er wirklich für meinen Freund die dritte Person gebraucht und von ihm in der „Es-Form" gesprochen? Und hieß das, ich sollte Käpt'n nur deswegen links liegen lassen, weil mein Gegenüber glaubte, ihm sei nicht zu helfen? Meinte er allen Ernstes, ich sollte nur die lieben, bei denen es sich lohnt? Es schmerzt mich, dass ich keine Gelegenheit mehr hatte, mit dem Studenten darüber zu sprechen. Doch ich finde es zutiefst bedauerlich, dass ich in all den Jahren viel zu oft die Bestätigung bekommen habe, dass Christen in einer solchen Haltung leben. Wenn ich keine „wie auch immer geartete Erfolgschance" bei jemandem sehe, dann lass ich ihn fallen, denn er hat es sich verscherzt.

„Hinterm Horizont geht's weiter, ein neuer Tag", singt der Altrocker Udo Lindenberg in einem seiner bekanntesten Lieder. Mir ist bewusst, dass ich seine Aussage aus dem Zusammenhang reiße, aber ich tue es trotzdem. Für mich wäre es ein neuer Tag, wenn wir aufhören, die falschen Menschen abzuweisen, indem wir die annehmen, die zu uns kommen. Auch die, die hinter unserem eigenen Horizont leben, denn, so fährt Udo Lindenberg fort: „Hinterm Horizont, immer weiter" – und er endet mit dem Wunsch, den ich als Sozialarbeiter, Pastor und Bundestagsabgeordneter gleichermaßen teile: „zusammen sind wir stark."

WIE JESUS MENSCHEN EINLÄDT UND SIE HEUTE ZU IHM KOMMEN

Kai Günther

Da steht er. Dieser großartige Jesus-Satz. „*Wer zu mir kommt, den werde ich nicht abweisen.*“ Was für eine Einladung. Was für eine offene Tür. Was für ein herzliches Willkommen! Ich bin überzeugt, dass es nach wie vor unser Auftrag ist, dass wir Menschen mit diesem einladenden Jesus bekannt machen. Dass wir fröhlich teilen, was wir mit ihm erleben. Dass durch uns sichtbar, spürbar und hörbar wird, wie Gott uns Menschen zu sich einlädt.

Aber wie geht das heute? Wie laden wir im Jahr 2022 zu Jesus ein? Wie leben wir als Gemeinde „*Wer zu mir kommt, den werde ich nicht abweisen*“? Wie bekommen wir den großartigen Jesus-Satz in unsere Welt?

Wir haben gute Gründe

Kai, du bist doch jetzt Dozent an einer Evangelistenschule. Macht man das denn heute noch? Zu Jesus einladen? Also evangelisieren? Meinem Gegenüber steht ein skeptisch-kritisches Fragezeichen im Gesicht. Fast so, als ob er sich ein bisschen ekelt. E-van-geli-sieren … Wirklich? Er ist Christ, engagiert sich in der Jugendarbeit, geht in einen Hauskreis seiner Gemeinde. Aber zu Jesus einladen? Also ... ich glaube das für mich. Aber meine Freunde glauben eben etwas anderes. Oder nichts. Warum sollte ich sie einladen?

Warum einladen, evangelisieren, mit Jesus bekannt machen? Diese Frage begegnet mir häufig. Und ich bin überzeugt: Wir brauchen zuerst eine überzeugende Antwort für uns selbst, *warum* wir die Einlade-Kultur von Jesus auch selbst leben wollen. Wir brauchen gute Gründe.

Es gehört zu unserer DNA als Nachfolgende

An Jesus sehen wir, dass für ihn Tischgemeinschaft, einladende Worte und der Ruf in die Veränderung völlig selbstverständlich waren. Jesus lebte diese Kultur von Anfang an für sich und die Menschen um ihn herum. Aber er lebte sie auch immer vorbildhaft. Für seine Jünger. Offen. Provokant. Zeichenhaft für uns. Und er packt es in Worte, damit wir auch auf jeden Fall verstehen, dass wir seinem Beispiel folgen sollen. Jesus sendet uns in diese Welt, so wie er selbst gesandt war (Joh 17,18). Und Jesus geht im gleichen Atemzug selbstverständlich davon aus, dass durch uns und unsere Worte andere Menschen zum Glauben an ihn finden! (Joh 17,20)

Nachfolge ist für Jesus untrennbar mit Zeuge-Sein verbunden. Und für uns? Wir bekommen es immer wieder hin, unsere Jesusbeziehung für uns zu behalten und sie privat zu leben.

Manchmal stell ich mir vor, wie Jesus mich fassungslos anschaut und sagt: Dein Leben ist doch neu! Du hast andere Prioritäten. Du hat so viel Gutes zu teilen. – Wie kannst du das alles für dich behalten? Es gehört doch zu dir! Dazu bist du doch berufen, dass die Menschen es an dir sehen und von dir hören: dass sie nicht abgewiesen sind. Dass ich sie nicht abweise.

Es gehört zu unserer neuen DNA als Nachfolgerinnen und Nachfolger selbstverständlich dazu, dass wir zu Jesus einladen. Warum spricht unser Handeln dann so eine stumme Sprache? Warum schweigen unsere Worte dann oft so deutlich?

Die Sehnsucht ist da

Meine Überzeugung ist: Wir sind uns selbst oft nicht klar, was für eine unfassbare Nachricht wir eigentlich haben. *„Wer zu mir kommt, den werde ich nicht abweisen."* Was für ein Satz! Aber ich kann diesen Satz lesen und einfach zur Kenntnis nehmen. Er stört mich nicht. Er bewegt mich nicht. Er kickt mich nicht. Und so geht es mir auch mit anderen Jesusworten. Ich habe mich an sie gewöhnt. Und wenn ein Satz mich trifft, wenn eine Jesus-Begegnung mich bewegt, dann bringe ich sie nicht mit den Menschen um mich herum zusammen. Schmerzhaft ausgedrückt: Ich habe das Gefühl, dass Jesus irrelevant ist.

Ja, die große Hoffnung, das völlig Neue, die andere Perspektive … all das gehört zu unserer neuen DNA. Aber es setzt sich nicht durch. Unser Handeln bleibt stumm. Unsere Worte schweigen. Wir schweigen. Weil wir das, wie wir Jesus erleben, und das, wie wir die Menschen erleben, nicht zusammen bekommen.

Ich möchte Sie in einen Werbeclip für eine Großveranstaltung 2021 mitnehmen. Drei Tage. Hunderte Redner. Tausende Teilnehmer. Und der Werbetext?

Wie kann ich mich selbst verwirklichen? Ist Glück eine Entscheidung? Wie komme ich in meinem Leben auf das nächste Level? Ich will Antworten. Ich will Veränderung. Ich will mehr. Da muss mehr sein!

Allein diese wenigen Sätze zeigen überdeutlich: Die Fragen sind da! Und wir haben etwas zu sagen.

Sie sucht nach ihrer Identität und sehnt sich nach jemandem, der sie wirklich kennt. Er kämpft mit seiner Panik und sucht eine Kraft, die stärker ist als seine Angst. Sie schämt sich für ihre Vergangenheit und weiß nicht wohin damit. Er ist überfordert mit seiner Sucht und wünscht sich nichts mehr, als endlich frei zu sein. Sie hat alles erreicht, aber das Leben fühlt sich trotzdem sinnlos an.

Warum wir zu Jesus einladen? Weil Jesus in all diese Situationen hineinsprechen kann! Weil er es ist, der eine neue Perspektive öffnet. Weil er es ist, der die Kraft hat zu verändern. Seine Worte sind auch heute absolut relevant. Seine Antworten treffen in das Leben von uns Menschen. Wir müssen neu durchbuchstabieren, *was* wir sagen (dazu später). Aber klar ist: Die Sehnsucht der Menschen ist da. Jesus ist *nicht* irrelevant!

Deshalb laden wir auch im Jahr 2022 zu Jesus ein. Weil diese Welt, unsere Freunde und Nachbarn nach Antworten suchen. Weil sie die Sehnsucht nach „Mehr" in sich tragen.

Also lassen Sie uns zu Jesus einladen. Weil es zu unserer neuen DNA gehört. Und weil Jesus mit seinem Wesen und seiner Botschaft absolut relevant ist. Unsere Aufgabe ist zu klären, *wie* wir einladen, evangelisieren, mit Jesus bekannt machen. Und zu durchdenken, *was* wir zu sagen haben.

Wir haben große Freiheit

Zunächst: *Wie* geht es? Wenn wir uns Jesus vor Augen halten, sehen wir, dass seine Wege mit den Menschen keinem eintönigen Rezept folgen. Es gibt kein Schema F das zum „Erfolg" führt, keine Gebrauchsanleitung, der wir folgen sollen. Jesus kannte die Menschen. Deshalb waren seine Wege mit ihnen so unterschiedlich.

Auf vielen Wegen

Wie sehen diese Wege heute aus? Wenn wir heute mit wachen Augen hinschauen, entdecken wir schnell: Unsere Welt ist bunt, unsere Gemeinden sind verschieden, jeder Mensch tickt anders. Auch heute gibt es unzählige kreative Wege für die Einladung zu Jesus. Zur Orientierung hilft mir dieses Bild:

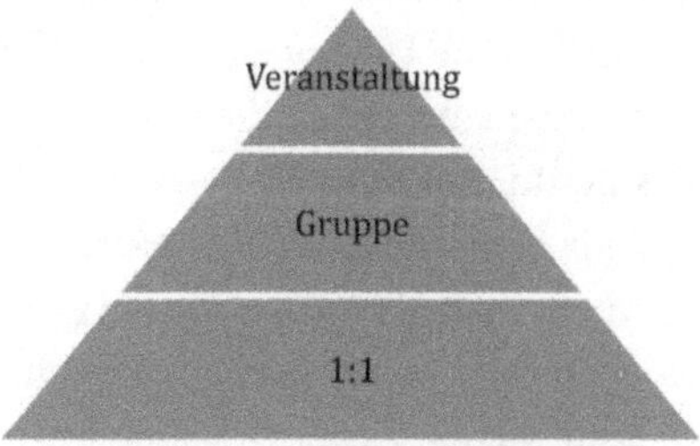

Abb. 1: Einladungen zu Jesus in ihrer unterschiedlichen Bedeutung.

Wie können wir Menschen mit Jesus bekannt machen? Wenn wir auf Jesus selbst schauen, hat es wohl ganz viel mit Essen und Tischgemeinschaft zu tun. Mit Freundschaften, mit langen Wegen, mit Geduld, mit Gesprächen am Küchentisch und über den Gartenzaun. Wie wertvoll ist die 1:1-Begegnung! Hier ist Raum für echte Beziehung und ehrliche Fragen. Wie wäre es, wenn wir in unseren Gemeinden jede Konfirmandin in eine Familie einladen, in der sie jede Woche einmal zum Abendessen kommen kann? Wenn jeder Teen eine Tür kennen würde, die für ihn offensteht? Wenn unsere Häuser dafür bekannt wären, dass hier Menschen leben, die Zeit haben für Gespräche über Gott und die Welt?

Ich bin Evangelist. Nein, das steht nicht in meinem Dienstvertrag. Und: Nein, ich stehe auch nicht ständig auf großen Bühnen. Aber ich suche hier in unserem Ort neue Wege, um mit den Jugendlichen über Jesus ins Gespräch zu kommen. Ich lade sie zum Essen ein. Und wir sprechen über unsere Fragen. Ich erzähle ihnen von meinem Glauben. Und gemeinsam fragen wir, was es braucht, damit auch sie Jesus vertrauen können.

Auch das gemeinsame Unterwegssein als Gruppe ist ein Schlüssel. Oft sind Hauskreise, Kleingruppen und Glaubenskurse das Setting, in dem Menschen erleben, was es heißt: *„Wer zu mir kommt, den werde ich nicht abweisen."* Die kleine Weggemeinschaft wird zum Ort für geteiltes Leben. Wie wäre es, wenn die Menschen in unserem Ort davon wüssten: Da sind kleine Gruppen. Hier teilen die Menschen ihre Sorgen und Hoffnungen. Hier sprechen sie ihre Ängste aus. Hier beten sie füreinander. Wenn dort spürbar, hörbar, erlebbar wäre: Das Vertrauen auf Jesus verändert tatsächlich das alltägliche Leben!

Neben Tischgemeinschaft und Kleingruppen hat Jesus auch die Veranstaltung genutzt. Auch das braucht es: einen

Ort, zu dem sich die Menschen gegenseitig einladen können. Manchen Christen fällt es schwer, eigene Worte für ihren Glauben zu finden, aber sie sind begnadete Einlader wie Andreas und Philippus (Joh 1,41 und 45). Und sie bringen ihre Freunde zu Veranstaltungen, bei denen sie Antworten auf ihre Lebensfragen finden können. Wie wäre es, wenn allen in unserem Ort klar wäre: Die Christen sprechen öffentlich über die wirklichen Lebensthemen. Da sind Fragen erlaubt. Und da gibt es eine neue Perspektive fürs Leben.

Es geht nicht um ein Entweder-oder, sondern um ein Sowohl-als-auch. Wenn wir mit wachen Augen hinschauen, werden wir sehen, was die richtige Form ist. Wenn wir ehrliche Fragen stellen, werden wir hören, was der Inhalt ist, den Jesus in das Leben des anderen hineinsprechen möchte.

Mit großem Vertrauen

Und dann wird unsere Einladung bestimmt sein von einem großen Gottvertrauen; von der Gewissheit, dass er es ist der einlädt; von der Demut, dass es nicht an uns hängt. Wir haben allen Grund zur Zuversicht, dass er seine Wege mit den Menschen geht. Mit uns und mit denen, für die er uns als Einlader und Gastgeber in diese Welt stellt.

Mit diesem Vertrauen können wir mutig und mit großer Freiheit zu Jesus einladen. Am Küchentisch und auf der Bühne.

Wir schwärmen von Jesus, aber wir übertreiben nicht.
Wir laden ein, aber wir überreden nicht.
Wir bitten, aber wir drängen nicht.

Lasst uns die Wahrheit reden *in Liebe*! (Eph 4,15) Das können wir. Denn wir vertrauen darauf, dass es Gottes Einladung ist. So können wir zu ihm einladen. Auf vielen Wegen und mit großem Vertrauen. Bleibt noch die Frage, was wir zu sagen haben.

Wir haben relevante Inhalte

Unsere Freunde und Nachbarn suchen nach Antworten und tragen die Sehnsucht nach „mehr" in sich. Wir sind herausgefordert, dass wir neu darüber nachdenken müssen, *was* wir zu sagen haben.

Mit unserer Geschichte

Lassen Sie uns *das Gute* an der guten Nachricht neu entdecken. Zuerst für uns und dann für die Menschen um uns herum.

Nehmen Sie sich einmal 15 Minuten Zeit für diese Frage: „Was ist eigentlich das Gute an der guten Nachricht?" Stellen Sie sich vor: Sie haben zwei Minuten Zeit, um ihren Nachbarn darauf zu antworten. Was würden Sie sagen? Welches Erlebnis aus Ihrem Leben würden Sie weitergeben? Welcher Satz oder welche Geschichte der Bibel wäre Ihnen wichtig? Welche Hoffnung oder welche Gewissheit tragen Sie in sich?

Schreiben Sie es sich auf. Machen Sie sich bewusst, was in Ihrem Kopf als Glaubenswahrheit drin ist. Und lassen Sie Ihr Herz neu davon füllen. Jesus sagt: *„Wovon das Herz voll ist, das spricht der Mund aus."* (Lk 6,45) Überlegen Sie:

Wann haben Sie das schon einmal geteilt? Wenn es tatsächlich stimmt, was da steht: Wer sind die Menschen um Sie herum, denen Sie das mitteilen wollen?

Mit ehrlichen Fragen

Wenn wir dann losgehen, werden wir viele Fragen stellen. Wer ist der Mensch, dem ich begegne? Wer ist sie, die da vor mir sitzt? Was ist seine Frage? Was ist ihre Welt? Wir mühen uns, um die existenziellen Themen wahr- und ernst zu nehmen. Wir brauchen eine gute „Exegese der Welt". Unsere Haltung wird bestimmt sein von einem ehrlichen Fragen und von geduldigem Zuhören. Und dann werden wir die Brücken finden von dem, was in uns ist. Was unser Herz füllt, was uns an Jesus begeistert. Hin zu dem, was unser Gegenüber braucht.

Mit mutiger Hoffnung

Dann sprechen wir mutig von Jesus. Wir sagen, dass das Leben nicht so bleiben muss. Wir versprechen, dass Jesus da ist. Wir sagen zu, dass er für uns ist. Wir erzählen davon, dass er Kraft hat zu verändern. Heute. Hier. Jetzt. Und in Ewigkeit. Wir bezeugen, dass es eine andere Wirklichkeit gibt, die in unsere Wirklichkeit hineinragt. Eine Dimension, die unser Leben durchdringt.

Es gibt einen anderen Weg, auf dem wir gehen können. Einen anderen Blick auf das, was wir sehen. Ein anderes Empfinden für das, was wir fühlen. Einen anderen Halt in dem, was uns umtreibt. Einen anderen Geist als den, der uns ausfüllt. Und das ist mehr als nur Information. Denn Jesus ist nicht im Unkonkreten geblieben. Er ist nicht bei der Information stehen geblieben. Er hat das Volk und die Einzelnen eingeladen und in die Nachfolge gerufen. Den Menschen, denen Jesus begegnet ist, war klar: Seine Botschaft hat Konsequenzen. Über unserem Reden und Sein steht die Verheißung, dass Gott selbst darin wirkt. Denn er schickt uns dahin, wo er selbst sein will (Lk 10,1). Und wir haben die berechtigte Hoffnung, dass er sich zu uns und unseren Worten stellt. *„Wer euch hört, der hört mich."* (Lk 10,16) *Das* ist sein Versprechen.

Und so lädt Jesus bis heute ein. Es geht immer noch um das große Ja Gottes zu uns und seine Einladung für das Ja zu ihm. Also: Stellen Sie sich zu Jesus dazu. Öffnen Sie Ihre Türen. Sprechen Sie seine Einladung aus. Heißen Sie Ihre Freunde willkommen. Denn da steht er. Dieser großartige Jesus-Satz: *„Wer zu mir kommt, den werde ich nicht abweisen."*

IM GRÖSSTEN FLÜCHTLINGSLAGER EUROPAS

Margit Eichhorn

„Jesus Christus spricht: Wer zu mir kommt, den werde ich nicht abweisen."

Meint Jesus mit diesem unglaublichen Zuspruch auch die Geflüchteten in den Camps im Süden Europas? Sie sind meines Erachtens eine sehr verdrängte Gruppe am Rande unserer Gesellschaft. Viele von uns und unsere Politik beschäftigen sich nicht freudig mit dieser Thematik. Das Flüchtlingsthema ist kompliziert, mit vielen Emotionen verbunden und braucht einen wirklich intensiven Einsatz. Wer setzt sich schon gerne mit dem Fremden auseinander? Fremdes verunsichert und macht oft Angst. Dann doch lieber auf Distanz bleiben und schnell wieder vergessen. Hätte Jesus auch so gehandelt oder wäre er zu diesen Menschen hingegangen? Ich kann mir gut vorstellen, wie er im Camp unterwegs gewesen wäre und den Menschen dort die gute Botschaft gebracht hätte. *„And once that person is with me, I hold on and don't let go."* (The Message) Er hätte sie aufgenommen und an ihnen festgehalten und sie nicht losgelassen. Er gibt jenen, die am Rand stehen, Sicherheit, Hoffnung und Identität. Und Jesus *ist* in den Camps unterwegs! Durch jene Personen, die sich von ihm haben rufen lassen, diesen Menschen zu dienen und ihnen seine Liebe ganz praktisch zu bringen.

Mich hat letztes Jahr der politische Umgang mit dem Flüchtlingsthema in Österreich sehr beschäftigt. Was konnte ich tun? Spenden ja, aber war mehr möglich? So machte ich mich auf den Weg nach Lesbos, um in einen „Multi-Kulti-Markt" einzutauchen.

Friedlich oder nicht?

An einem sonnigen Dezembertag bekam ich eine „Einstiegstour" durch das Camp Mavrovouni (das Nachfolgecamp von Moria). Es wirkte irgendwie friedlich auf mich. Kinder spielten leidenschaftlich mit ihren Murmeln, Frauen wuschen am Waschplatz händisch die Wäsche, einige Männer schleppten Paletten zu ihren Zelten, andere waren geschäftig irgendwohin unterwegs und wir wurden ständig von Leuten begrüßt, oft mit: „Hello, my friend." Es war warm, das Meer blitzblau und in der Ferne winkte die Burg von Mytilene. Meine einzige Sorge in dem Moment war, wie werde ich mich da jemals orientieren können? Es steht ein Zelt neben dem anderen und zwar soweit du schauen kannst. Die Zeltsuche blieb die ganzen sieben Wochen eine gewisse Herausforderung.

So friedlich wie beim ersten Besuch blieb der Eindruck und das Erleben natürlich nicht. In die Zelte zu gehen und den Menschen zuzuhören, brachte schnell ein anderes Bild. Viele der „Bewohner" haben den Brand in Moria im September 2020 miterlebt und anschließend einige Tage auf der

Straße gelebt. Denn Mavrovouni musste ja erst gebaut werden. In Moria lebten zur Zeit des Brandes ca. 13.000 Menschen. Hilfsorganisationen hatten im Vorfeld immer wieder Katastrophenszenarien bezüglich Moria durchgespielt. Was wenn Feuer ausbricht oder es zu einem größeren gewaltsamen Aufruhr kommt? Alle ihre Vorstellungen endeten mit mehreren Toten. Denn Rettung, Feuerwehr und Polizei hätten aufgrund der engen Gassen nicht ins Camp hineinfahren können und die Bewohner hätten sich totgetrampelt. Das große Wunder beim Brand war, dass niemand gestorben ist!

Bald erreichten mich die Tragödien. Mein Aufgabenbereich lag im Social Care Team von Eurorelief (einer der Hilfsorganisationen, die sich auf Lesbos engagieren). Wir besuchten Familien und Einzelpersonen, die entweder gröbere medizinische oder psychologische Probleme hatten. Eines eint alle Bewohner des Camps: Sie haben Traumata erlebt. Viele von ihnen schon Schlimmes im Heimatland, weswegen sie flüchten mussten. Andere hatten keine Zukunft zu Hause und gingen deswegen. Dann die Flucht selbst, vor allem allein reisende Frauen haben unglaubliche Ungerechtigkeit erfahren. Der Aufenthalt in der Türkei und die „kurze" Überfahrt nach Griechenland. Zu guter Letzt die Ankunft im Camp und das Leben dort. Sie sahen Europa als das Paradies, wo alles gut werden würde und sie nur Positives erleben würden. Die Schlepper tun das Ihrige dazu, um diesen Traum aufrecht zu erhalten und halten dabei ordentlich und unfair die Hand auf. Die Geflüchteten erzählen ihren Leuten zu Hause nicht, wie es ihnen ergeht. Einerseits, um sie nicht zu beunruhigen, und andererseits ist die Wahrheit mit viel Scham besetzt.

Meine Helden

Ich nehme Sie jetzt mit zu einigen meiner Helden im Camp. Zuerst in einen Raum in einer „Rubb Hall". Das sind große, stabile Zelte mit ca. 16 kleinen Räumen. In so einem Raum wohnen acht Frauen aus Somalia. Eine von ihnen wurde zu Hause von Rebellen vergewaltigt, gefoltert und halbtot liegen gelassen. Heute kann sie kaum gehen, leidet an Inkontinenz und kämpft mit sehr großen Ängsten. Ich war zutiefst betroffen über ihre Geschichte. Ihre Zimmerkolleginnen kümmern sich äußerst liebevoll um sie. Dabei kämpfen auch sie mit ihren traumatischen Erlebnissen. Es ist völlig klar, dass sie der Frau helfen sie zum Beispiel zum WC außerhalb des Zeltes begleiten. Allein getraut sie sich nicht aus dem Raum und dem Zelt. Einmal borgten die Kolleginnen sich einen Rollstuhl aus, damit die Frau zum Arzt kommt, der am Eingang zum Camp seine Station hat. So weit konnte sie nicht gehen. Den Rollstuhl mussten sie unter anderem über grobe Steine und einen Hügel schieben, eine ziemlich anstrengende Aktion. Sie konnten ihre Freundin doch nicht allein lassen! Eine der Zimmerkolleginnen ist mit ihrer Tante geflohen. In der Türkei wurden sie von der Polizei einen Hügel hinaufgetrieben. Die Tante war nicht so schnell, und die Nichte durfte nicht zu ihr zurücklaufen. Bis heute weiß sie nicht, ob ihre Tante noch lebt. Auf Lesbos ist sie jedenfalls nie angekommen.

Eine andere Begegnung fand mit Sarah (Name geändert) statt, die durch die Behörden von ihrer Familie getrennt wurde. Sarah hielt unser Social Care Team und andere NGOs (Nichtregierungsorganisationen) über längere

Zeit auf Trab. Die Trennung kam meines Erachtens durch Überforderung zustande. In dem Zelt (ca. 16 m^2) lebten das Ehepaar, die drei Teenagerkinder ihres Mannes aus erster Ehe und die eigenen drei Kinder. Sarah war schwanger mit ihrem vierten Kind. In ihrer Überforderung verprügelte sie die Kinder. Jetzt war sie allein, durfte ihre Kinder nicht sehen und verstand die Welt nicht mehr. Erschwert wurde ihre Situation dadurch, dass sie sich nur in ihrer Landessprache verständigen und weder lesen noch schreiben kann. Sarah wollte zur Familie zurück, aber ohne Bewilligung der griechischen Behörden war das unmöglich. Deren Büro war wegen des Lockdowns über viele Wochen für den Publikumsverkehr geschlossen. So kam sie oft in unser Büro, wollte reden und bat uns, ihr zu helfen. Durch das Alleinsein hatte sie viele Ängste entwickelt, was ihr Mann alles in die Wege leiten könnte, um ihr zu schaden. Versuche, sie bei der psychologischen Beratung unterzubringen, schlugen fehl. Die kannten sie schon und wollten nichts mehr mit ihr zu tun haben. Unverhofft kam eine Wende in ihre Hilflosigkeit. Durch eine Sammelaktion von Frauen der griechischen Caritas konnten wir Toilettenartikel, Schreibutensilien und Wolle an Frauen verteilen. Auch Sarah bekam eins dieser Pakete und tauchte danach seltener bei uns auf. Eines Tages kam sie freudestrahlend und brachte wunderschön gehäkelte Taschen mit. Ihre Kreativität und Fertigkeit überraschten uns. Wir motivierten sie, diese Technik doch auch anderen Frauen zu zeigen. Sarah erlebte eine gewisse Entspannung durch diese Aufgabe, auch wenn wir ihr bei der Lösung ihres Problems in dem Moment nicht helfen konnten.

Die Begegnung, welche mich wohl am meisten berührte, war jene mit drei Brüdern. Wir wurden gebeten, sie aufzusuchen, denn der mittlere (13 Jahre) verletzte sich immer wieder selbst und konnte sich bei der Essensausgabe nicht anstellen. Die Enge bereitete ihm solchen Stress, dass er zu schreien und zu toben begann. Er ist übrigens nicht der Einzige, der eine Menschenansammlung oder das Warten in einer Schlange nicht aushält. Ich nenne ihn mal Achmed. Er hat in Moria miterlebt, wie sein bester Freund durch eine Messerattacke umgebracht wurde. Danach erlebte er den Brand und die Tage auf der Straße. Dazu kommt noch, dass seine Eltern und zwei weitere Geschwister noch in der Türkei sind. Die Familie teilte sich bei der Überfahrt auf zwei Boote auf und jenes von den Eltern musste wieder zurück in die Türkei. In der Zwischenzeit (ein Jahr und acht Monate) haben die Eltern über zehnmal versucht, nach Griechenland zu kommen! Einmal erzählte mir Achmed, dass seine Kindheit, die Flucht, der Aufenthalt im Camp und seine Zukunft eine einzige Katastrophe sind. (Er verwendete ein intensiveres Wort.) Warum war er auf dieser Welt? „Warum bist du auf dieser Welt?", kam prompt seine Frage an mich. Meine Antwort war, weil es jemand wollte. Diese Person wollte mich auf dieser Erde und außerdem wollte er eine Beziehung zu mir. Wir sprachen über Gott und ich konnte sehen, wie es in seinem Kopf arbeitete. „Darüber muss ich jetzt weiter nachdenken", meinte er. Ein 13-jähriger Junge, der ernsthaft über die Sinnfrage nachdenkt! Ich war sehr überrascht und berührt. Ein Kollege betreut die Jungen inzwischen weiter. Wir beten dafür, dass den Eltern die Überfahrt bald gelingt und sie gut auf Lesbos ankommen.

Unser Handeln ist gefragt

Ich bin Menschen mit großen Nöten begegnet. Das ist ein Aspekt ihres Lebens, ein anderer ist ihre Gastfreundschaft und die Leidenschaft vieler zur Zubereitung von gutem Essen. Am Weihnachtsabend hörten wir früher mit der Arbeit auf. Eine Besonderheit wartete auf uns. Einer der Dolmetscher kochte für die ganze Gruppe, ca. 50 Personen! Wunderbares afghanisches Essen, voller Geschmack und Würze! Der Koch, ein afghanischer Geflüchteter, meinte dann bewegt: „Ich denke, ich habe mich mehr gefreut als ihr alle, denn ich konnte nach drei Jahren endlich wieder für jemanden kochen." Er hat Stunden mit einem Kollegen für dieses Essen aufgewendet und uns so reichlich damit beschenkt. Drei Jahre lang immer das Essen des Camps zu bekommen und keine Möglichkeit zu haben, für eine größere Gruppe zu kochen, ist hart. Ich weiß, es ist auch für die Griechen eine Herausforderung, so viele Menschen täglich zu versorgen. Trotzdem wünsche ich dem jungen Mann, dass er bald einen positiven Asylbescheid bekommt und vielleicht eine Stelle in einem Lokal findet und seiner Leidenschaft, dem Kochen, wieder nachgehen kann. Auch ihn lässt unser Herr nicht los!

Die Menschen in den Camps haben in der Hoffnung auf ein besseres Leben ihre Heimat, Freunde, Familie, Sprache und Kultur verlassen. Bei vielen zeigte sich Verzweiflung, weil ihr Asylantrag noch nicht bearbeitet ist. Manche warten schon drei Jahre auf den Bescheid. Aber nach dem Erhalt wird es auch nicht besser. Griechenland kann all diese Geflüchteten nicht aufnehmen und ihnen Arbeit und Wohnung vermitteln. Wieso erklären sich nicht mehr Länder in Europa bereit und nehmen diese Menschen auf? Warum rufen die Jesus Nachfolgenden nicht lauter? Wo wir doch von unserem Herrn die Aufforderung bekommen haben, uns um die Fremden zu kümmern. Warum war dies nach dem Zweiten Weltkrieg möglich und heute, wo wir so unglaublich reich sind, geht es nicht mehr? Wir können es uns zutrauen, denn unser Herr und Heiland hat versprochen, uns festzuhalten. Er hält uns nicht nur bei sich, sondern kann auch Lösungen schenken, wo wir im Moment keine sehen. Im Camp ist es fast alltäglich, dass man Jesus um Lösungen bittet und dann staunt, auf welche Art und Weise sie sich ereignen. Alle Mitarbeitenden von Euro Relief würden mir beipflichten. Jesus hält auch all jene Flüchtlinge fest, die sich ihm anvertrauen.

DAS HOFFNUNGSHAUS IM ROTLICHTVIERTEL

Wilbirg Rossrucker

Abweisen gilt nicht

Der Jahreslosungsvers hat mich von Jugend an geprägt.

Ich bin in Oberösterreich auf einem Bauernhof aufgewachsen mit ganz großer Gastfreundschaft. Wir durften immer Freunde mitbringen, und es war selbstverständlich, dass sie an der Tischgemeinschaft teilnahmen – und manche von ihnen fanden auch Unterkunft in schwierigen Lebenslagen. Abgewiesen wurde niemand!

Diese familiäre Prägung, die mir vorgelebt wurde, kommt mir in meiner jetzigen Arbeit sehr zugute.

Als nach meiner Scheidung die Kinder erwachsen wurden und auszogen, kam bei mir immer wieder eine Sehnsucht nach Veränderung auf.

„Herr, du musst noch etwas mit mir vorhaben, das kann noch nicht alles gewesen sein!", war von da an mein ständiges Gebet. Nach acht Jahren dieses Gebetes wurde der Wunsch Wirklichkeit und ich kann mich nun einsetzen für Menschen am Rande der Gesellschaft, Menschen, die mit ihrem Alltag nicht klarkommen, und vor allem Menschen, die keine Stimme mehr haben, um sich Gehör zu verschaffen, und die täglich erleben müssen, dass sie abgewiesen werden.

Für diese Menschen wollte ich mich stark machen und ihnen meine Stimme geben. So habe ich mit 52 Jahren nochmals ganz neu angefangen – und meine Komfortzone verlassen: das Leben auf dem schönen Bauernhof im Grünen, meine Stellung als leitende Hebamme in einem großen Klinikum und mein Eingebundensein in einem tollen Freundeskreis sowie als Mitarbeiterin unserer Landeskirchlichen Gemeinschaft und der örtlichen Kirchengemeinde.

Vom Bauernhof ins Rotlichtviertel

Meine neue Aufgabe führte mich nach Stuttgart zu den Apis, dem Evangelischen Gemeinschaftsverband Württemberg, ins HoffnungsHaus mitten im Rotlichtviertel. Auf der Suche nach WG-Wohnungen für Mitarbeitende wurden den Apis zwei Häuser angeboten. Voll Freude, Wohnraum in der Stuttgarter Stadtmitte anbieten zu können, begutachteten sie die beiden Häuser – und fragten sich, ob das der richtige Ort für junge Menschen sei. Die Häuser waren direkt im Rotlichtviertel. Doch schnell änderte sich die Frage in: Hat Gott hier etwas Neues mit uns vor?

Nach Rückfragen bei verschiedenen Beratungsstellen für Prostituierte und der Zusage des Vermieters, er würde das Altstadthaus auf seine Kosten nach unseren Wünschen renovieren, konnte 2017 das Wohnzimmer-Café eröffnet werden – mit fünf Wohnungen für haupt- und ehrenamtliche Mitarbeitende.

Bereits im Februar 2014 erzählte mir der Leiter der Apis von diesen beiden Häusern, und ich war sofort begeistert von einer offenen Arbeit in einem Stadtviertel. Auf seinen vorsichtigen Hinweis, es sei aber ein Rotlichtviertel, war meine Antwort einfach nur: „Na und?"

Ich erbat mir eine Bedenkzeit von drei Monaten, in der ich darüber beten und einige Freunde um ihren Rat und ihre Gebetsunterstützung bitten wollte. Allerdings hatte ich an diesem Abend nach dem ersten Gespräch meine innerliche Zusage schon gegeben, denn in meiner täglichen Bibellese las ich den Vers aus dem Galaterbrief: *„Als es aber Gott wohlgefiel, der mich von meiner Mutter Leib an ausgesondert und durch seine Gnade berufen hat, dass er seinen Sohn offenbarte in mir, damit ich ihn durchs Evangelium verkündigen sollte unter den Heiden, da besprach ich mich nicht erst mit Fleisch und Blut …"* (1,15–16) Trotzdem war es mir wichtig, Rat einzuholen, gemeinsam darüber zu beten und nachdem alle ihr Ja dazu gaben, auch ganz offiziell zuzusagen.

Es ist eine schöne Aufgabe, aber auch eine besondere Herausforderung, beim Entstehen einer völlig neuen Arbeit mit dabei zu sein, Ideen einzubringen, Konzepte zu entwickeln und diese dann auch umzusetzen.

Das HoffnungsHaus

Seit nunmehr viereinhalb Jahren öffnen wir dreimal wöchentlich das HoffnungsHaus und einmal im Monat laden wir zu einem Brunch-Gottesdienst ein.

An den Wochentagen dürfen nur Frauen oder Männer in Frauenkleidung kommen, die früher als Prostituierte gearbeitet haben oder dieser Tätigkeit noch aktiv nachgehen. Zu den Brunch-Gottesdiensten dürfen alle kommen, die im Rotlichtviertel unterwegs sind. Da sind dann auch Freier dabei, Zuhälter:innen, der Sohn einer Puffmutter, Junkies und viele aus prekären sozialen Situationen. Keiner wird abgewiesen, denn Gott will alle!

Mit der Unterstützung von ehrenamtlichen Mitarbeitenden aus verschiedenen kirchlichen Gemeinden in Stuttgart tun wir unseren Dienst. Auch in der Mitarbeit halten wir uns daran, niemanden abzuweisen. Wenn das Herz für Jesus brennt und eine klare Berufung vorhanden ist, dann dürfen wir in der gemeinsamen Aufgabe auf Gottes bunter Blumenwiese blühen – niemand wird wegen seines Frömmigkeitsstiles abgewiesen.

Unser Arbeitskonzept enthält drei wichtige Bereiche:

1. einen Ruheraum anbieten,
2. den Menschen Wertschätzung entgegenbringen,
3. Hilfen zum Ausstieg ermöglichen.

Diese Bereiche werden in ganz unterschiedlicher Weise gefüllt. Wenn eine Frau (ich werde nur von Frauen berichten, denn das sind 97 Prozent unserer Gäste) zur Türe hereinkommt, muss sie sofort das Gefühl bekommen: Hier bin ich herzlich willkommen, hier darf ich immer reinkommen, hier werde ich nicht abgewiesen!

Ruhe

Der Ruheraum wird von einigen in Anspruch genommen – zum Beispiel, um einfach nur still dazusitzen. Manche der Frauen ziehen sich in den hinteren Bereich des Cafés zurück und legen sich auf das Sofa, um dort ein wenig zu schlafen, ohne Angst vor Gefahr durch andere. So nutzen sie das Angebot der Ruhe.

Wertschätzung und Würde

Im Mitarbeiterinnenteam wollen wir uns immer wieder bewusst machen, dass wir in unseren Besucherinnen Gottes Ebenbild sehen. Er hat ja jeden Menschen zu seinem Bilde gemacht und daher haben wir alle – egal, aus welcher Gesellschaftsschicht wir kommen – Anspruch auf Würde und Wertschätzung. Und genau diese Haltung muss bei unseren Klientinnen spürbar sein. Sie werden bedingungslos angenommen und wertgeschätzt. Für mich persönlich ist dieser Aspekt unseres Auftrages am wichtigsten.

Natürlich kommt es auch bei uns vor, dass Frauen das Café verlassen müssen: Aggressionen, anhaltender Streit, zu viel Alkohol oder Drogenkonsum – aber wenn sie beim nächsten Mal kommen, steht die Türe wieder offen und sie werden nicht abgewiesen. Mit dieser Willkommenshaltung wollen wir sie auch daran erinnern, dass Jesus immer auf sie wartet und ihnen wie der Vater beim Gleichnis des verlorenen Sohnes sogar mit offenen Armen entgegenläuft.

So hat eine drogensüchtige Prostituierte einmal gemeint: „Alle haben mich aufgegeben. Ihr seid die einzigen, die noch Hoffnung in mich haben!“

Das fällt mir nicht leicht, denn genau diese Frau hat mich aufs Ärgste beschimpft und verflucht. Da heißt es für mich auch immer wieder, mich an das Vaterherz Jesu zu flüchten, seine Liebe durch mich wirken zu lassen, nicht beleidigt zu reagieren und die Frage manchmal auch laut auszusprechen: „WWJD – What would Jesus do? – Wie würde Jesus handeln?“

Indem ich einen HoffnungsHaus-Tag beschreibe, möchte ich darstellen, wie wir diese Wertschätzung versuchen umzusetzen.

Die meisten Prostituierten genießen erst einmal ein warmes Essen, Salat, belegte Brötchen und immer Kaffee und etwas Süßes. Dabei ist es mir wichtig, dass alles Kulinarische gut schmeckt und auch liebevoll angerichtet ist – das ist ein Teil von Wertschätzung! Die Frauen dürfen auch Wünsche aussprechen, was sie gerne zu essen hätten. So habe ich schon manches für mich neue Rezept ausprobiert. Solch kleine Wünsche können leicht erfüllt werden. Es ist mir auch wichtig, mit unseren Gästen Tischgemeinschaft zu haben.

Da Vertrauen für Menschen, die so schwer traumatisiert sind, ganz schwierig ist, braucht es natürlich bei uns einige Zeit, bis sie etwas aus ihrem Leben preisgeben. So kommen sie die ersten Wochen oft nur schnell rein, trinken einen Kaffee und gehen wieder. Aber mit der Zeit entstehen Gespräche und sie lassen sich darauf ein, bei Spielen mitzumachen.

Kosmetik ist ein weiterer Aspekt: Fingernägel anmalen, Handpeeling, Gesichtsmasken bis hin zu einer Visagistin, die Schminktipps gibt – all das sind Dinge, mit denen wir ihnen Freude bereiten können.

Einmal im Monat gestalten wir einen Brunch-Gottesdienst mit Singen, Gebet und einem kurzen Impuls, in dem jemand aus dem Mitarbeitendenteam über den eigenen Glauben erzählt und von Bibelversen, der ihm oder ihr im Leben wichtig geworden sind. Darüber hinaus leben wir unseren Glauben nach dem Motto: Sprich von deinem Glauben und wenn es sein muss auch mit Worten! – Wir lesen regelmäßig Andachten vor und einige der Frauen kommen immer wieder mit der Bitte, für sie und mit ihnen zu beten. Sie stellen auch existenzielle Fragen wie: „Wo werde ich einmal sein, wenn ich sterbe?", „Kann Gott mir meine Sünden überhaupt vergeben?" Manche Frage ist auch zum Schmunzeln wie die nach dem Lesen der Weihnachtsgeschichte: „Was wäre denn gewesen, wenn Jesus ein Mädchen geworden wäre?" Mir ist es wichtig geworden, immer ganz ehrlich zu antworten, und keine frommen Phrasen zu benutzen, denn das spüren die Frauen sofort. Manchmal muss ich auch sagen, dass ich spontan keine Antwort auf bestimmte Fragen habe.

In den Anfangsmonaten versuchten wir auch, kreative Angebote zu machen, aber das wollen die wenigsten. Sie wollen einfach nur die Ruhe und Gemeinschaft genießen.

Hilfen zum Ausstieg

Der Wunsch der Frauen, aus der Prostitution auszusteigen, ist sehr groß. Aber die Hürde, es tatsächlich zu tun, ist meistens noch viel größer. Wir vom HoffnungsHaus bieten Einzelfallhilfe an, aber einen Ausstieg begleiten können wir noch nicht. Da wir aber in Stuttgart in der glücklichen Lage sind, im Kontakt mit anderen Vereinen und Gruppen zu stehen, die so etwas anbieten, vermitteln wir die Frauen und Mädchen weiter.

Schnell für ein bis zwei Nächte ein Zimmer zur Verfügung zu stellen ist möglich, aber jemanden, der schwer traumatisiert ist, zu begleiten, ist eine ganz besondere Aufgabe. Es braucht eine Wohnung, einen Arbeitsplatz, Sprachkurse, viele Betroffene sind Analphabeten – und einen sehr langen Atem, denn die Rückfallquote ist hoch. Die Frauen haben ja keine Freunde und Bekannte in der Stadt außer andere Prostituierte.

Lebensmotto: Abweisen gilt nicht!

Diese drei Aspekte – Ruhe, Wertschätzung und Ausstieg – sind der Inhalt unseres täglichen Dienstes, doch darüber hinaus gibt es noch weitere Bereiche.

Durch die Teilnahme am Runden Tisch der Stadt Stuttgart sind wir gut vernetzt mit der Polizei, dem Arbeitsamt und Gesundheitsamt und allen Gruppen, die sich für Frauen und Männer, die in der Prostitution arbeiten müssen, einsetzen.

Um die Gesellschaft auf das Problem von Menschenhandel aufmerksam zu machen und dafür zu sensibilisieren, bin ich viel unterwegs zu Präventionsvorträgen in Schulen und Gemeinden, zu Workshops und Zoom-Meetings.

Da unsere Arbeit herausfordernd ist, ist es mir wichtig, mit unseren Mitarbeiterinnen und auch mit uns selbst achtsam umzugehen. Wir beginnen jeden Dienst mit dem Lesen der Tageslosung und einem Gebet und schließen den Tag wieder mit Gebet, in dem wir für jede Besucherin Fürbitte halten und Gottes Segen für sie erbitten. Alles Gehörte und Erlebte, das uns belastet, wird nochmals in der Gruppe besprochen und auch im Gebet vor Gott gebracht. Viermal jährlich bieten wir für das gesamte Team Supervision an und zweimal im Jahr eine Schulung.

Ich bin mir bewusst, dass nicht alle die Berufung in diese Arbeit haben, aber die innere Einstellung, das Herz für alle Menschen zu öffnen, ist ein Muss für mich geworden. Ich wünsche mir, dass unsere Gemeinden zu den Menschen gehen, sie mit Gottes liebenden Augen anschauen und nicht abweisen – denn: „Gott will alle!“

Praxisentwürfe für die Arbeit mit Gruppen

STUNDENENTWURF FÜR TEENAGER: WEGWEISEN OHNE ABWEISEN

Von Jesus lernen, Menschen zu begegnen und ihnen in Liebe zu dienen

Tobias Liebmann

Einstieg (10 Minuten)

Was zieht dich an, was stößt dich ab?
Erfindet zwei Menschen: Einen, den ihr atemberaubend anziehend findet, und einen, der abgrundtief abstoßend auf euch wirkt. Sammelt alles, was einen Menschen ausmacht, und ordnet es einer der beiden Personen zu: Eigenschaften, Verhaltensweisen, Charakterzüge, Aussehen, Ausstrahlung … Was zieht euch an, was stößt euch ab?
Ihr könnt das auf zwei Arten machen:

a) Jeder von euch erstellt zwei eigene Menschen und stellt sie anschließend den anderen vor (z. B. auf zwei DIN-A4-Seiten mit jeweils einem Strichmännchen).
b) Ihr erschafft gemeinsam zwei große Personen (z. B. auf Flipchart-Papier oder mit Moderationskarten).

Spiel „SIEH! MICH! AN!“ (5 Minuten)

Alle Spieler stehen auf und schauen auf den Boden vor sich. Dann sagen sie gemeinsam im Rhythmus: „Sieh! Mich! An!“ Bei „an“ heben alle gleichzeitig den Kopf und schauen genau *einer* Person direkt in die Augen. Alle, die sich jetzt gegenseitig in die Augen schauen, sind ausgeschieden. Wer jemanden anschaut, der woanders hinguckt, kommt weiter in die nächste Runde, in der wieder alle auf den Boden schauen. Wer ausscheidet, setzt sich hin, sodass alle Teilnehmenden immer wissen, wer noch im Spiel ist. Es ist nicht erlaubt, immer die gleiche Person anzuschauen, sich abzusprechen oder ein bestimmtes Muster zu nutzen. Wer Teil der letzten Runde ist (allein übriggeblieben oder gemeinsam in der letzten Runde ausgeschieden) hat gewonnen. Es können mehrere Runden hintereinander gespielt werden.

Infos zum Kontext (10 Minuten)

Johannes liebt es, in seinem Evangelium mehrere Berichte über Jesu Wirken in großen Erzählungen zusammenzufassen. Das gesamte Kapitel 6 ist eine große Einheit mit mehreren wichtigen Stationen. Die Jahreslosung in Johannes 6,37 steht fast genau in der Mitte dieses Kapitels, und es lohnt sich, den Gedankengang durch diesen Abschnitt nachzuvollziehen, um zu verstehen, was Jesus mit seiner Aussage meint.

Johannes 6 startet mit der sehr bekannten Geschichte, in der Jesus 5.000 Menschen satt macht. Sehr viele erleben ein besonderes Wunder und sind von Jesus begeistert (Joh 6,14).

Seine Jünger erleben danach sogar noch ein weiteres, noch imponierenderes Wunder: Jesus geht auf dem Wasser (Joh 6,19)!

Die vielen Menschen, die Jesus in Aktion erlebt haben, fahren ihm nach, suchen und finden ihn und wollen mehr erleben. Die Sache mit dem Brot und dem Stillen ihres Hungers hat sie fasziniert! Jesus sagt hier den berühmten Satz: *„Ich bin das Brot des Lebens“* (Joh 6,35) und direkt im Anschluss die Jahreslosung: *„Wer zu mir kommt, den werde ich nicht abweisen.“* (Joh 6,37)

So weit, so gut, aber jetzt nimmt die Erzählung eine unerwartete Wende. Denn statt mit einer großen neuen Jüngerschar weiterzuziehen, redet Jesus immer deutlicher Klartext. Er spricht von Tod und Auferstehung und gibt einen Ausblick auf das Abendmahl, bei dem sein eigenes Fleisch gegessen und sein Blut getrunken wird (Joh 6,53). Viele verstehen es nicht, und es geht ihnen auch zu weit. Sie wenden sich von Jesus ab.

Im großen Finale des Kapitels fragt Jesus auch seine Jünger, ob sie gehen wollen. Er fleht sie nicht an zu bleiben, er lässt ihnen die freie Entscheidung. Petrus spricht darauf diese sensationellen Worte: *„Zu wem sollen wir sonst gehen? Deine Worte bringen das ewige Leben.“* (Joh 6,68)

Die Jahreslosung steht also an dem Wendepunkt des Kapitels. Vorher erleben alle Wunder und laufen Jesus scharenweise nach. Im zweiten Teil verlassen Jesus immer mehr der anfänglich Begeisterten, bis nur noch seine Jünger übrigbleiben.

Vor diesem Kontext liest sich die Aussage gewöhnungsbedürftig. Es ist nämlich nicht der Abschluss einer großen Erfolgsgeschichte, in der viele aufgrund seiner Wunder zu seinen Nachfolgern geworden sind. Es ist nicht das triumphale Ende: Jesus umringt von tausenden Menschen, und er sagt: *„Wer zu mir kommt, den werde ich nicht abweisen."* Es ist der Wendepunkt: Viele Menschen sind gekommen, aber als Jesus anfängt zu erklären, wie das Leben funktioniert, wie Gott es sich vorstellt, verlassen ihn fast alle wieder.

Was bedeutet das also: Wer zu Jesus kommt, den wird er nicht abweisen? Jesus macht klar: Jeder kann zu mir kommen! Ich werde niemanden abweisen! Und gleichzeitig entdecken wir: Wer bei Jesus bleibt, bekommt Wegweisung. Jesus möchte das Leben derer, die zu ihm kommen, verändern. Jesus weist nicht ab. Aber er weist den Weg.

Diese beiden Elemente der Begegnung entdecken wir immer wieder in den Begegnungen, die Jesus mit Menschen hat: *wegweisen, ohne abzuweisen.*

Gruppenarbeit (15 min)

Untersucht in kleinen Gruppen einzelne Jesus-Begegnungen und beantwortet die beiden Fragen:

- Wie erleben Menschen, die Jesus begegnen, dass er sie nicht abweist?
- Wie erleben Menschen, die Jesus begegnen, dass er ihnen Wegweisung gibt?

a) Johannes 8,1–11: Jesus und die Ehebrecherin
b) Lukas 5,27–32 und 19,1–10: Jesus und die Zöllner
c) Lukas 17,11–19: Jesus und die zehn Aussätzigen
d) Markus 10,46–52: Jesus und der Blinde
e) Markus 5,1–20: Jesus und der Besessene

Vorstellung (10 Minuten)

Tragt euch anschließend eure Erkenntnisse vor. Welche Menschen hat Jesus nicht abgewiesen und wie hat er ihnen Wegweisung gegeben?

Input (5 Minuten)

Die Menschen, die Jesus begegnen, erleben immer das Gleiche: Jesus weist niemanden ab. Und Jesus gibt jedem Wegweisung.

Er weist die Ehebrecherin nicht ab. Im Gegenteil, am Ende ist sie die Einzige, die noch bei ihm ist, während andere sich selbst „abgewiesen“ haben. Jesus hat keine Berührungsängste mit den verschmähten Zöllnern, den gemiedenen Aussätzigen oder gar gefährlichen Besessenen. Zu ihm darf jeder kommen, wie er ist. Keiner wird abgewiesen, aber alle werden zurechtgewiesen. Die Ehebrecherin bekommt den Auftrag, nicht mehr zu sündigen, der Zöllner Zachäus merkt in der Anwesenheit Jesu, dass er etwas in Ordnung zu bringen hat, der dankbare Aussätzige erfährt, dass er richtig (und die anderen neun falsch) gehandelt haben, und die anderen beiden erleben Heilung und Lebensveränderung. Jesus weist nicht ab, er weist den Weg.

Und mit Jesus endet diese Herzenshaltung nicht. Er überträgt seine Aufgabe an seine Jünger. Er stattet sie mit Vollmacht aus und gibt ihnen die gleiche Liebe und Kraft des Heiligen Geistes mit, durch die er selbst den Menschen begegnet ist. In Johannes 20,21–23 sendet er die Jünger aus und gibt ihnen den gleichen Auftrag: Schuld ansprechen und vergeben! Keinen abweisen, allen den Weg weisen. Am Ende der anderen Evangelien und zu Beginn der Apostelgeschichte lesen wir den gleichen Auftrag: zu Jüngern machen und lehren (Mt 28,19–20).

Wir als Nachfolger Jesu haben den gleichen Auftrag. Wir sollen in seinem Sinne Menschen zu Gott begleiten. Und die beiden Arbeitsfelder bleiben gleich: Keinen abweisen und allen den Weg weisen.

Aktion (15–30 Minuten)

Am Ende dürft ihr der „abstoßenden Person“ aus dem Einstieg begegnen. Überlegt euch, wie ihr mit diesem Menschen umgehen würdet, wenn er jetzt, in diesem Moment in eure Gruppenstunde kommen würde. Ihr könnt das auf unterschiedliche Arten machen:

Beschreibt die Person anhand der Notizen, die ihr euch am Anfang gemacht habt. Entweder nehmt ihr die „Gruppenperson“ von der Flipchart oder ihr stellt euch gegenseitig eure einzelnen „abstoßenden“ Personen vor. Ihr könnt diese Übung einfach gemeinsam besprechen oder – und das macht deutlich mehr Spaß und hat einen viel größeren Effekt – ihr spielt die Situation einfach nach. Einer von euch verkörpert eine der „abstoßenden Personen", betritt den Raum und verhält sich so, wie sie beschrieben wurde. Wie geht ihr mit diesem Menschen um?

Folgende Fragen helfen euch bei der Begegnung:

- Was ist meine persönliche erste innere Reaktion? Welche Gefühle löst diese Person in mir aus?
- Was kann ich tun, damit sich diese Person nicht von mir/uns abgewiesen fühlt?
- Was braucht/sucht dieser Mensch, was er bei Jesus finden kann?
- Wie kann ich im „Jesus Style" liebevoll, demütig und dienend, aber trotzdem inhaltlich klar, Wegweisung geben? #waswürdejesustun

Zwei wichtige Hinweise zu der Übung und zum Abschluss:

1. Jesus hat *immer* in *Liebe* gehandelt. Das ist das einzige Gebot: in Liebe handeln! Liebe ist eine Geistesfrucht, die kann man nicht aus sich selbst heraus generieren, sondern sie entwickelt sich, wenn wir uns vom Heiligen Geist leiten und verändern lassen. Wenn du einem Menschen begegnest, ist die Liebe, die der Heilige Geist in dir wachsen lässt, das Wichtigste!
2. Beziehungen brauchen Zeit. Eure Überlegungen und Versuche in der ersten Begegnung Annahme und Korrektur zu vermitteln, spiegeln nicht die Wirklichkeit

wider. Bei echten Begegnungen braucht ein Mensch viel Annahme, Zuspruch, Vertrauen und Liebe (siehe 1.), bevor er bereit ist, Wegweisung anzunehmen. Konzentriert euch deswegen bei Begegnungen mit anderen Menschen vor allem auf das Nicht-abweisen. Lebt das lange, ehrlich und aus voller Kraft. Und wenn die Beziehung stark genug ist, kann auch das „Wegweisen“ hilfreich und zielführend werden.

Gebet (5 Minuten)

Betet miteinander:

- dass der Heilige Geist die Liebe in euch wachsen lässt,
- dass Gott euch Menschen zeigt, die seine Annahme brauchen und suchen,
- dass der Heilige Geist durch euch wirkt, euch eure Ängste und Abscheu nimmt und die richtigen Worte schenkt,
- dass Gott euch gebraucht, um in euren Beziehungen – wenn er es möchte – Wegweisung zu geben.

STUNDENENTWURF FÜR JUGENDLICHE: WER IST JESUS FÜR DICH?

Sabine Herwig

Wer ist Jesus für dich? Wenn ich über diese Frage nachdenke, fällt mir zuerst ein Lied ein, das wir früher in der Jungschar gerne gesungen, nein, geschmettert haben: „Man sagt, er war ein Gammler, er zog durch das ganze Land. Raue Männer im Gefolge, die er auf der Straße fand …" – Klingt da auch in Ihnen eine Melodie?

Die Jahreslosung aus Johannes 6 ist eingebettet in die Frage, wer Jesus eigentlich ist. Das ganze Johannesevangelium stellt diese Frage als Schwerpunkt und gibt Antworten in Form von Zeichen und Reden Jesu. Sein Leben, Sterben und Auferstehen führen unmissverständlich zu der Antwort und damit auch zum Zweck des Johannesevangeliums: *„Was aber in diesem Buch steht, wurde aufgeschrieben, damit ihr festbleibt in dem Glauben: Jesus ist der Christus, der Sohn Gottes! Wenn ihr das glaubt, habt ihr durch ihn das Leben."* (Joh 20,31)[23]

Genau darum soll es in diesem Stundenentwurf gehen: Wer ist dieser Jesus, den wir in der Bibel finden? Und was bedeutet das für unser Leben? Was ist unser persönliches

23 Die Bibelstellen und Erklärungen sind aus der Basisbibel zitiert.

Bekenntnis zu ihm? Denn sein Bekenntnis zu uns steht fest: „*Wer zu mir kommt, den werde ich nicht abweisen.*“

1. Jesus – was wissen wir schon?

Zeit: 30 Minuten.
Jesus ist für niemanden in unserer Gruppenstunde ein unbeschriebenes Blatt. Aber was wir wissen, ist je nach Gruppe und auch individuell sehr unterschiedlich. Um zu sehen, welche Kenntnisse, (Vor-)Urteile und Eindrücke die Jugendlichen von Jesus haben, beginnen wir mit einem kreativen „Jesus-Brainstorming“. Es empfiehlt sich, dass jeweils 3–5 Jugendliche an einer Collage arbeiten. Wichtig: Hier soll Kreativität fließen! Alles ist erlaubt, Bilder malen, Sprechblasen, Schlagworte, Texte, Zitate, Gefühle, Bibelgeschichten, an die man sich nicht mehr ganz genau erinnert ... Es soll nicht alles „abgearbeitet“ werden, sondern ein buntes, vielfältiges Bild entstehen. Dafür hat die Gruppe ca. 15 Minuten Zeit.

Als kreative Hilfe können Sie folgende Fragen auf ein kleines Kärtchen drucken und es in jede Kleingruppe geben:

- Was fällt euch als erstes ein, wenn ihr an Jesus denkt?
- Wie sah er aus? Woran kann man ihn erkennen?
- Was denkt ihr über Jesus?
- Wer war er eigentlich?
- Gibt es Geschichten aus der Bibel, die euch einfallen?

Im Anschluss stellt jede Gruppe ihr Bild vor.

2. Jesus – vier Blicke in die Bibel

Zeit: 30-45 Minuten

Wir haben jetzt schon viele Eindrücke gesammelt, um Jesus auf die Spur zu kommen. Und es ist toll zu sehen, welches Wissen schon vorhanden ist. Hier können Sie als Mitarbeitende noch einmal wahrnehmen und bewusst wertschätzen, was schon in den Jugendlichen verankert ist – auch wenn es eher kritisches Denken über Jesus oder „nur" ein paar biblische Fragmente sind.

Nun geht es darum, noch einmal tiefer einzutauchen. Dazu gibt es vier biblische Geschichten, die in Kleingruppen methodisch vertieft werden. Da die Jahreslosung aus dem Johannesevangelium stammt, habe ich auch die Texte hieraus ausgewählt, auch wenn sie teilweise nicht ganz leicht zu verstehen sind. Für Jugendliche mit wenig Hintergrundwissen empfehlen sich hier besonders leichte Bibelübersetzungen[24], um Barrieren abzubauen.

Die Jugendlichen lesen den Text gemeinsam in Kleingruppen von 3–5 Personen[25], indem eine laut, deutlich und nicht zu schnell vorliest. Danach machen sich alle Notizen zu folgenden Fragen:

- Was ist bei mir hängengeblieben?
- Welche Bilder sind in meinem Kopf entstanden?
- Was sagt dieser Text über Jesus aus?

---

24 Neben der Basisbibel z. B. Hoffnung für alle oder Volxbibel (https://www.volxbibel.de/lesen/).

25 Wenn die Gesamtgruppe zu klein ist, um daraus vier Kleingruppen zu bilden, sollte der Bibeltext aus Johannes 2 weggelassen werden.

In einer Austauschrunde tragen sie ihre Gedanken zusammen und versuchen, die Texte auf ein Bild oder Symbol zu konzentrieren, das sie in der großen Gruppe kurz erläutern sollen.

1) Verwandler: Johannes 2,1–11

Das erste Wunder, von dem das Johannesevangelium berichtet, ist ein Luxus-Wunder: Auf einer Hochzeit geht der Wein aus. Das ist natürlich für die Stimmung und den Verlauf der Festlichkeiten erst mal ein großer Dämpfer. Aber glücklicherweise kann Jesus helfen: Er verwandelt Wasser in Wein. Das ist ein bisschen erstaunlich, oder? Eigentlich hat Jesus eher die großen Themen wie Leben, Tod, Ewigkeit, Rettung und Glaube auf der Agenda. Und hier hilft er aus, damit die fröhliche Feier weitergehen kann. Für uns Christen hat Wein im Abendmahl eine Bedeutung, die hier schon anklingt. Und es ist auch kein „Spaß-Wunder", sondern das erste offizielle Zeichen, das Jesus tut, um zu zeigen, wie großzügig es im Reich Gottes zugeht.

2) Heiler: Johannes 5,1–18

Jesus heilt immer wieder Menschen. Viele Menschen finden ihn deshalb toll und möchten in seiner Gegenwart sein: Da geht es um Gesundheit, vielleicht auch um das Staunen über die Wunder, die er tut. Aber Jesus ist mehr als das: Er legt sich auch immer wieder mit den Pharisäern an. Hier in diesem Text eskaliert der Streit zwischen Jesus und den Pharisäern so sehr, dass sie beschließen, ihn zu töten. Jesus ist für die Menschen. Er heilt, auch wenn es gegen die Regeln ist. Es wird deutlich, wie radikal er es meint, und dass er mit der Vollmacht Gottes auftritt. Das war für die jüdischen Gläubigen eine riesige Provokation. Für den Geheilten war es der Beginn eines neuen Lebens.

3) Brot des Lebens: Johannes 6,5–14 und 30–35

Kapitel 6 hat als Hauptthema Jesus als Brot des Lebens. Johannes verknüpft das konkrete Ereignis, die Speisung der 5.000, mit einer tiefgründigen Rede Jesu. Hier werden Menschen satt und spüren, dass da noch mehr auf sie warten könnte. Als Jesus jedoch sagt, dass er das Brot des Lebens ist, empören sich auch viele, weil sie nicht verstehen, was er meint. Und wenn man das nachliest, klingt es auch seltsam, dass Jesus sagt: *„Ja, ich versichere euch: Wenn ihr den Leib des Menschensohnes nicht esst und sein Blut nicht trinkt, habt ihr das Leben nicht in euch.“* (Joh 6,53) Jedoch gibt es auch Menschen, die es verstehen: Jesus macht nicht nur den Körper satt, sondern auch die Seele – durch sich selbst. Oder wie Petrus am Schluss des Kapitels formuliert: *„Herr, wohin sollen wir gehen? Du hast Worte des ewigen Lebens und wir haben geglaubt und erkannt: Du bist der Heilige Gottes.“* (Joh 6,68 f.) Für die Jugendlichen liegt der Schwerpunkt auf der Brotvermehrung und dem Vergleich Jesu, dass er das Brot des Lebens ist.

4) Sohn Gottes: Johannes 5,19–24 und 31–37

Nach der Heilung am Teich Betesda legt Jesus die Karten offen auf den Tisch: Er ist der Sohn Gottes! Hier wird klar, wie innig Gott und Jesus miteinander verbunden sind. Dieses Thema zieht sich durch das gesamte Johannesevangelium, wird bei vielen Worten und Taten Jesu deutlich. Jesus ist Gottes Sohn. Und auch wenn er dazu eigentlich keine menschlichen Zeugen braucht, führt er Johannes als Zeugen an. Es geht um die großen Themen: Liebe, Tod und ewiges Leben. Dabei ist immer wieder spannend, wie kritische Jugendliche mit diesen Stellen umgehen. Können sie der inneren Logik des Christentums folgen? Ist genau hier der Punkt, an dem sich viele abwenden und Jesus irgendwie verrückt finden? Hier soll auch Platz für Diskussion sein: Wer kann das glauben? Ist das ein Grund für Zweifel am Christsein? Welche Kraft hat es aber auch, dass Jesus der Sohn Gottes ist – vielleicht auch dann, wenn man das alles noch gar nicht glauben kann.

3. Jesus sagt: „Wer zu mir kommt, den werde ich nicht abweisen." Was bedeutet das? (Input)

Zeit: 5 Minuten
Zugegeben, das ist heute kein leichtes Thema. Kein locker-fröhlicher Spieleabend. Richtig Denkstoff! Jesus war von Anfang an ein streitbarer Typ. Einer, der für Aufruhr sorgt. Das merkt man unserem heutigen Christentum nicht immer unbedingt an. Manchmal sind wir brav und angepasst und haben auch unsere Bilder von Jesus zu brav und glatt gemacht. Aber jetzt haben wir diese Jahreslosung: *„Wer zu mir kommt, den werde ich nicht abweisen."* – Johannes 6,37. Und da stellt sich doch für uns alle die Frage: Will ich denn überhaupt zu Jesus kommen? Dazu finde ich es einfach wichtig, dass wir wissen, wer er damals war – und wer er heute für uns ist.

Was wir heute zusammen herausgefunden haben: In der Bibel ist Jesus nicht irgendein frommer Prophet, ein Heiliger, der die Welt ein bisschen besser machen möchte oder ein „Gutmensch". Das alles klingt vielleicht mit. Aber vor allem ist er der Sohn Gottes. Derjenige, der uns Menschen mit Gott in Kontakt bringt und der uns das ewige Leben schenken möchte. Das ist heute kompliziert – und das war es auch für die Menschen damals schon. Im 7. Kapitel des Johannesevangeliums (Vers 40) lesen wir, wie die Menschen rätseln, wer er eigentlich ist. Einige sagen, er muss ein Prophet sein. Einer also, der irgendwie in die Zukunft sehen kann und besonders gut darin ist, zu hören, was Gott mit den Menschen vorhat. Einige sagen, dass er Christus ist – der Auserwählte. Andere sind sich sicher: Das kann gar nicht sein! Er ist doch einer von uns, hier aus Galiläa. Und der Christus soll doch aus Bethlehem kommen … und so halten die Diskussionen an bis in die heutige Zeit.

Und dann ist es vielleicht doch ganz einfach: Wir können vertrauen. Denn so hat es auch Petrus gemacht. Petrus, der Jünger Jesu, der später sehr wichtige Aufgaben hat. Petrus, der für mich kein makelloser Heiliger ist, sondern ein stürmischer Draufgänger, der auch mit Zweifeln zu kämpfen hat. Er begleitet Jesus und bekommt mit, wie er heilt und predigt, provoziert und dabei einfach die Menschen bedingungslos liebt.

Petrus war dabei, als Jesus 5.000 Menschen zu essen gegeben hat. Er war dabei, als die Pharisäer Jesus in die Enge treiben wollen. Er versteht vielleicht auch nicht alles, als Jesus sagt, dass er das Brot des Lebens ist. Wie kann man denn Jesus essen? Ist das nicht ein bisschen verrückt? Irgendwie eklig? Aber er versteht eine Sache, und die sagt er auch: *„Herr, zu wem sollten wir denn gehen? Du sprichst Worte, die ewiges Leben schenken. Wir glauben und haben erkannt: Du bist der Heilige Gottes!"* Das ist das, was er über Jesus sagen kann. Er erkennt, wie stark die Verbindung zwischen Jesus und Gott ist und stellt sich klar auf die Seite Jesu – er bekennt sich zu ihm.

Das tun nicht alle. An diesem Tag verlassen viele Menschen Jesus, weil sie seine Rede zu krass finden. Weil sie auf einmal merken, dass es mit „ein bisschen Fan sein" nicht getan ist. Weil sie überfordert sind. Und das alles können Gründe sein, warum Menschen Jesus nicht nachfolgen.

Aber es gibt eben auch diejenigen, die glauben können und die zu Jesus kommen. Und diejenigen zieht er zu sich – ohne Bedingungen und Einschränkungen. Dieser einfache Satz: *„Wer zu mir kommt, den will ich nicht abweisen."* Jesus steht mit offenen Armen da und wartet auf die Menschen, die zu ihm kommen. Auf alle.

Ich habe euch ein Mini-Gedicht mitgebracht. Nicht das Statement von Petrus, aber auch ein Bekenntnis zu Jesus. Mir gefällt, wie offen und gleichzeitig klar es formulier ist:

Was Jesus für mich ist? – Einer, der für mich ist!
Was ich von Jesus halte? – Dass er mich hält!
(Lothar Zenetti)

4. Jesus, du bist für uns ... Unser Jesus-Bekenntnis mit Mahlfeier

Zeit: 15 und 20 Minuten.
Vorab zur Mahlfeier: Das Abendmahl ist ein Sakrament und hat in der Kirche eine wichtige Bedeutung. Es ist etwas Heiliges. Gleichzeitig ist es schön, das Abendmahl im kleinen, geschützten Rahmen der vertrauten Gruppe zu feiern. Fragen Sie die Verantwortlichen Ihrer Gemeinde (Pfarrerin, Jugendreferent), ob Sie Abendmahl innerhalb der Gruppenstunde feiern können. Vielleicht können Sie sogar das „offizielle" Abendmahlsgeschirr benutzen? Sonst ist aber auch eine andere Karaffe, ein schöner Krug und ein Teller oder Brotkorb in Ordnung.
Vorbereitung: Stellen Sie Saft und Brot in die Mitte. Zusammen mit einem schönen Tuch, ein paar Kerzen, einem Blumenstrauß, einem Kreuz oder was Sie für angemessen halten, entsteht eine Atmosphäre, die deutlich macht, dass nun etwas Besonderes kommt. Die Jugendlichen sitzen im Kreis um diese Mitte herum.

Unser Jesus-Bekenntnis
Einleitung: Wir haben viel gehört von Jesus. Wer er ist und was er für uns bereithält. Wie herausfordernd es auch sein kann, mit ihm unterwegs zu sein, weil sein Denken nicht von dieser Welt ist. Das hat uns reicher gemacht. Unser Kopf und unser Herz haben neue Nahrung bekommen. Jetzt könnt ihr all das noch mal für ein paar Minuten in euch wirken lassen. Wer ist Jesus für euch? Heute. Jetzt. Vielleicht sind durch die neuen Gedanken neue Erkennt-

nisse dazugekommen? Oder alte bestärkt worden? Oder ihr habt eine Ahnung, aber es ist nicht so konkret und greifbar? Egal, wie es ist, es ist eure Momentaufnahme von Jesus. Schreibt auf das Kärtchen, wer Jesus für euch ist. Einfach so, wie es euch kommt.

(5 Minuten Zeit, gegebenenfalls ruhige Musik im Hintergrund)

Wir haben unsere Gedanken über Jesus eben aufgeschrieben. Wer mag, kann sein Kärtchen in die Mitte legen.

(Wenn keine neuen Kärtchen mehr dazu kommen, lesen Sie alle Kärtchen einmal vor.)

Es ist schön, so viele verschiedene Gedanken zu Jesus in der Mitte zu sehen. Das macht deutlich, dass Jesus zwar der eine Sohn Gottes ist, aber jede und jeder von euch auch eigene Worte findet, zu beschreiben, was das bedeutet.

Jesus sagt: *„Ich bin das Brot des Lebens. Wer zu mir kommt, wird nie mehr hungern. Und wer an mich glaubt, wird nie mehr Durst haben."* Was für eine große Vorstellung! Wir sind noch nicht so weit. Wir haben Hunger, Durst und Sehnsucht. Aber jedes Mal, wenn wir mit Jesus, wenn wir mit dem Heiligen in Kontakt kommen, dann spüren wir: Das, woran wir glauben wollen, ist schon da. Und es wird sich erfüllen. Denn Jesus sagt: *„Wer zu mir kommt, den werde ich nicht abweisen … Ich bin das Lebensbrot, das vom Himmel herabgekommen ist. Wenn jemand von diesem Brot isst, wird er in Ewigkeit leben."*

Genau das möchten wir nun gemeinsam in der Mahlfeier spüren. Wir können nicht nur Abendmahl im Gottesdienst feiern, sondern auch in einer christlichen Gruppe, wie es bei uns ist. Das ist vielleicht ungewohnt, aber hat einen ganz persönlichen Charakter. Ihr könnt einfach mitmachen, da gibt es kein Richtig und kein Falsch. Wir feiern Jesus, das Brot des Lebens.

Lasst uns beten: Jesus, du begegnest uns. Du bist uns nah und berührst uns. Durch deine Worte, die wir heute gehört haben. Durch deine Taten, die uns beeindrucken, manchmal auch erschrecken. Durch deinen Tod und deine Auferstehung hast du Unmögliches möglich gemacht. Du hast den Tod überwunden. Du lädst uns auch heute ein, zu dir zu kommen. Du wirst uns nicht wegschicken. Hab Dank dafür. Wir öffnen uns für dich, laden dich ein in unser Herz, in unser Leben. Du siehst, wie es in uns aussieht und du siehst, dass wir dich brauchen. Lass uns spüren, was es bedeutet, dass du das lebendige Brot bist, das unseren Hunger stillt.
Amen

Lied: Herr, wohin sonst sollten wir gehen?

Einsetzungsworte: „In der Nacht, in der er verraten wurde, nahm der Herr Jesus das Brot. Er dankte Gott, brach das Brot in Stücke und sagte: ‚Das ist mein Leib für euch. Tut das zur Erinnerung an mich!' Ebenso nahm Jesus nach dem Essen den Becher und sagte: ‚Dieser Becher steht für den neuen Bund, den Gott durch mein Blut mit den Menschen schließt. Tut das zur Erinnerung an mich, sooft ihr aus diesem Becher trinkt.'" (1Kor 11,23–25)

Schmecket und sehet, wie freundlich der Herr ist!

Das Brot wird nun weitergegeben mit den Worten „Christi Leib für dich gegeben". Danach wird der Traubensaft herumgegeben. Entweder in einem Becher, aus dem alle trinken. Oder in der Form, dass alle ihren Nächsten einen kleinen Schluck in ein Glas schütten. Dazu sagen sie jeweils: „Christi Blut für dich vergossen".

Dank: Danket dem Herrn, denn er ist freundlich. Und seine Güte währet ewiglich. Amen!

Gebet: Wir halten Fürbitte und schließen sie mit dem Vaterunser ab.

Jesus, danke, dass du keinen Menschen ausgrenzt. Alle können zu dir kommen. Wir sind dankbar, weil auch wir zu dir kommen dürfen, so wie wir sind. Wir bitten dich, dass wir das auch in unser Leben mitnehmen. Lass uns immer wieder erleben, wie sehr du die Menschen liebst und einlädst. Aber du zwingst niemanden. Denn du liebst uns. Hab Dank dafür und bleib an unserer Seite.

Wir beten gemeinsam das Gebet, das du uns beigebracht hast: Vater unser …

Lied: Du bleibst an meiner Seite

Segen: Geht gestärkt und ermutigt in euren Alltag mit dem festen Wissen: Gott ist da!
Es segne dich der Herr,
der dich erschaffen hat;
es behüte dich der Sohn,
der für dich am Kreuz gelitten hat;
es erleuchte dich der Heilige Geist,
der in dir lebt und wirkt.
Amen!

Lieder

- Herr, wohin sonst sollten wir gehen?
- Man sagt, er war ein Gammler
- Jesus, Erlöser der Welt (Was für ein Mensch)

Material für die einzelnen Schritte

Jesus – was wissen wir schon?

- Großes Papier (mindestens DIN-A3)
- Filzstifte

Jesus – vier Blicke in die Bibel

- Bibeln (so viele wie Teilnehmende)
- Zettel
- Stifte

Jesus – du bist für uns

- Kleine Kärtchen
- Stifte
- Ruhige Hintergrundmusik
- Krug
- Brotkorb oder Teller
- Fladenbrot
- Traubensaft

FRAUENTREFFEN: HERZLICH WILLKOMMEN!

Anne Johannsen und Kornelia Schelter

„Wer zu mir kommt, den werde ich nicht abweisen.“ (Johannes 6,37)

Raumgestaltung und Empfang

Bei diesem Frauentreffen zum Thema „Herzlich willkommen!“ lohnt es sich, den Raum besonders einladend zu gestalten – der Kreativität sind da keine Grenzen gesetzt.

- Schon an der Eingangstür hängt ein großes Schild evtl. in Herzform: „Herzlich willkommen zum … (Namen Ihrer Veranstaltung einfügen)!“[26]
- Gleich am Eingang könnte eine Mitarbeiterin jeder Frau zur Begrüßung eine kleine Süßigkeit (z. B. Ferrero Küsschen) auf einem silbernen Tablett reichen.
- Auf einem Tisch in der Mitte oder auf dem Boden stehen frische Blumen oder ein schönes Arrangement mit bunten Tüchern.

26 Anregungen dazu u. a. unter https://pixabay.com/de/images/search/willkommen/).

- Besonders einladend ist es, wenn es eine Kleinigkeit zu trinken bzw. zu essen gibt. Auch könnte man eine schöne Tafel mit weißem Tischtuch dekorieren und den Frauen an der Tafel liebevoll ihren Platz zuweisen.
- Auf jedem Platz liegt ein Kärtchen: „Herzlich willkommen, liebe … (Name)!“ Hier können die Namen der zu erwartenden Teilnehmerinnen eingetragen werden. Bei einem eher unbekannten Teilnehmerkreis kann man den Namen von den jeweiligen Sitznachbarinnen eintragen lassen.

Einstiegsmöglichkeiten

- „Willkommen“ in verschiedenen Sprachen – welche davon kennst du? Dazu gibt es lizenzfreie Wortwolken zum Herunterladen und Ausdrucken.[27]
- Einstiegsfrage an die Teilnehmerinnen: Was macht für dich eine Willkommensatmosphäre aus (in Wohnungen, Familien, Geschäften, Unterkünften, Gemeinden …)?

Die Jahreslosung wird im Folgenden auf dem Hintergrund der Geschichte von der kanaanäischen Frau (Mt 15,21–28) näher beleuchtet.

---

27 Z. B. bei pixabay: https://pixabay.com/de/illustrations/hintergrund-wolke-unterschiedliche-20705/.

Die Bibelarbeit

Vorbereitung

Für die Durchführung der Gesprächsteile kann es hilfreich sein, eine kleine Visualisierung vorzunehmen. Dafür empfehlen wir ein großes Plakat mit einer Tür in der Mitte. Die Tür lässt sich durch Falten öffnen und dahinter steht die Jahreslosung.

Zusätzlich sind verschiedenfarbige Stifte zum Schreiben nötig.

Teil 1: Die Unwillkommenen

Betrachten wir zuerst einmal die kanaanäische Frau. Sie ist keine Israelitin, keine Tochter Abrahams. Das wird im Dialog zwischen Jesus und ihr deutlich. Die Kanaanäer waren ein anderes Volk. Sie hatten nichts mit den Juden gemein und lebten als ungeliebte Nachbarn auch in Palästina. Die Religion der Kanaanäer war ein sinnlicher Fruchtbarkeitskult mit vielen verschiedenen Göttern. Man huldigte Baal als „Herrn" von heiligen Quellen, Bäumen, Tieren, Steinen, Bergen usw. Daneben wurde Astarte als Göttin der Fruchtbarkeit und sinnlichen Liebe verehrt.[28] Kanaanäer glaubten nicht an den Gott der Juden, und man ging sich weitestgehend aus dem Weg.

Umso bemerkenswerter ist diese Frau. Sie sucht die Nähe zu Jesus. Sie macht schreiend auf sich aufmerksam und lässt sich nicht abwimmeln. Interessant ist auch, was sie schreit: Sie spricht Jesus mit „Kyrios" an, was so viel be-

28 Rienecker/Maier, Lexikon zur Bibel.

deutet wie: Besitzer, Gebieter, Herr – eine hochachtungsvolle Anrede. Weiterhin benennt sie ihn als „Sohn Davids" und darin steckt ein tiefes Bekenntnis. Der Davidssohn ist eine jüdische Bezeichnung für den Messias. Die Juden warten schon seit langer Zeit auf den Messias, der Israel von den Feinden befreit und das Volk mit Gott versöhnt. Dass die Frau Jesus als diesen Messias erkennt, ist erstaunlich, denn es hat nichts mit ihrer Religion und Kultur zu tun. Sie kommt mit großen Erwartungen zu Jesus, obwohl sie eigentlich nichts zu erwarten hat.

Doch Jesus scheint wenig begeistert von ihr. Sein ablehnendes Verhalten kommt uns wahrscheinlich befremdlich vor. Er antwortet ihr nicht einmal und schweigt auf ihre flehende Bitte. Letztendlich richtet er das Wort nicht einmal an sie direkt, sondern an seine Jünger. Er lässt sie als Ausgeschlossene dastehen und schließlich vergleicht er sie mit einem Hund, der den Kindern ungerechterweise das Brot wegisst. Hier zeigt sich ein sehr kantiger Jesus, der nicht so ganz in unser Bild vom liebevollen Jesus passen will. Ein bisschen entschärft wird das Bild, wenn man sich vergegenwärtigt, dass es hier nicht um einen Straßenköter geht. Das Wort, das Jesus gebraucht, lässt sich eher mit Schoßhündchen übersetzen und diese Hunde haben immerhin ihre Daseinsberechtigung. Doch ganz lässt sich die Irritation trotzdem nicht auflösen. Jesus lehnt die Frau erst mal schlicht ab.

Gesprächsteil 1: Wie erleben wir Abweisung?

Was mag sie dabei empfunden haben?

... als Jesus ihr nicht antwortet (Vers 23):

An dieser Stelle können die Gefühle und Empfindungen der Frau von den Teilnehmerinnen gesammelt und auf das Türplakat geschrieben werden.

Mögliche Antworten wären:

- nicht wahrgenommen sein
- nicht ernstgenommen sein
- übergangen / übersehen / überhört werden
- missachtet werden

... als er ihr deutlich macht, dass er *„nur zu den verlorenen Schafen Israels gesandt"* ist (Vers 24):

- ausgeschlossen sein
- außen vor sein
- abgewiesen werden

... als er ihr erklärt, dass das *„Brot nur für die Kinder, nicht für die Hunde"* da ist (Vers 26):

- geringschätzig behandelt
- geringgeachtet
- herabgewürdigt

Vielleicht klingt da bei den Frauen etwas an von ähnlichen Erfahrungen, die sie gemacht haben.

- Welche Erfahrungen habe ich in der Vergangenheit mit Abweisung gemacht?
- Kenne ich ähnliche Erlebnisse aus meinem Glaubensleben oder in der Gemeinde?

Die Frauen sind eingeladen, zunächst jede für sich, darüber nachzudenken. Und wer möchte, kann in einer folgenden Austauschrunde seine Erfahrungen mit den anderen teilen.
Ergänzend kann auch jede Frau ihr eigenes Türplakat in klein erstellen und eigene Gefühle und Erlebnisse für sich auf die Außenseite der Tür niederschreiben. Dieses Plakat sollte vertraulich behandelt werden und die Frauen können es zum Schluss nach Hause mitnehmen.
An dieser Stelle kann man im Vorfeld auch eine Frau bitten, aus ihrem Leben zu erzählen, die ähnliche Erfahrungen von Unwillkommen-sein gemacht hat (z. B. DDR-Flüchtling, Spätaussiedlerin aus Polen oder Geflüchtete aus anderen Ländern, die erlebt hat, dass sie weder hier noch dort willkommen war).

Teil 2: Der Unwillkommene

Das Gefühl, verstoßen zu werden, ist ein Erlebnis, das viele Menschen in ihrem Leben schon einmal machen mussten. Auch Jesus kennt das. Er selbst erlebt es, dass die Menschen ihn abweisen. In den vorangegangenen Bibelversen wird davon berichtet. Bevor es zur Begegnung mit der kanaanäischen Frau kommt, hielt sich Jesus mit seinen Jüngern in der Gegend des Sees Genezareth auf. Viele Kranke brachte man zu ihm und er heilte sie (Mt 14,34–36). Aber mit seiner Verkündigung stieß er auf viel Unverständnis und Ablehnung. Die führenden Theologen kamen extra aus Jerusalem, um ihm nachzuweisen, dass er unmöglich der Messias sein kann (Mt 15,1–14). Die Lage spitzt sich so zu, dass Jesus und seine Jünger quasi fliehen müssen, um Schlimmerem zu entgehen. Für Jesus ist dieses Erlebnis sehr schmerzhaft. Er liebt sein Volk, und sie erkennen ihn nicht als ihren Messias, sondern wandeln weiterhin im Dunkeln.

Gesprächsteil 2: Selbsterfahrungsübung

Alle bis auf eine Frau stehen im geschlossenen Kreis mit verschränkten Armen und bilden eine eingeschworene Gemeinschaft. Eine Frau steht außen und versucht vergeblich hereinzukommen. Nach ca. einer Minute löst eine Frau im Kreis ihre Arme und lädt die Außenstehende ohne Worte dazu ein, einzutreten und Teil der Gemeinschaft zu werden.

Zunächst wird die Übung mit einer Frau, die sich freiwillig meldet, durchgeführt. Folgende Fragen können ihr danach gestellt werden:

- Was hat es mit Ihnen gemacht, als Sie ausgeschlossen waren? Was haben Sie dabei empfunden?
- Wie war das für Sie, als der Kreis geöffnet wurde und Sie Teil davon wurden?

Teil 3: Angenommen!

Das Verhalten von Jesus ist für uns nur schwer nachzuvollziehen. So etwas hätten wir von ihm wohl nicht erwartet und wir würden uns so auch nur ungern behandeln lassen. Doch die kanaanäische Frau bleibt ruhig. Es fällt erst einmal auf, was sie nicht tut.

Das Erste, was sie nicht tut, ist, nun selbst die Tür zuzuschlagen. Mit Ablehnung umzugehen ist schwer. Es ist ein zutiefst demütigendes Gefühl und verletzt uns in unserem Selbstbewusstsein. Nicht selten greifen Menschen in solchen Situationen dann selbst nach der Türklinke und schmeißen die Tür zu.

Das Zweite, was sie nicht tut: Sie versucht nicht, Jesus mit ihren guten Seiten zu überzeugen. Sie sagt ihm nicht, wie nett sie doch eigentlich ist oder sein könnte, welche guten Taten sie vollbracht hat und was für ein bezauberndes Kind ihre Tochter ist.

Das alles tut sie nicht. Die Jahreslosung für 2022 steht in Johannes 6,37 und lautet: *„Wer zu mir kommt, den werde ich nicht hinausstoßen."* Diese Geschichte von der kanaanäischen Frau macht deutlich, dass es in der Jahreslosung nicht nur darum gehen kann, kurz bei Jesus vorbeizuschauen oder einmal vorbeizugehen. Was bedeutet denn „zu mir kommen"? Die Frau wagt hier richtig etwas. Sie scheint von Jesus schon viel gehört zu haben und weiß etwas über ihn, was man ihr vielleicht gar nicht so zugetraut hätte.

Statt gleich wieder aufzugeben, lässt sie sich auf eine spannende Argumentation ein. Sie sagt: *„Ja, Herr; und doch bekommen die Hunde die Krümel, die vom Tisch ihrer Herren herunterfallen."* Diese Frau hat etwas sehr Entscheidendes in Jesus erkannt. Sie hat erkannt, dass es hier nicht darum geht, was sie schon Gutes getan hat oder mitbringt. Nein, mitnichten.

Es geht einzig und allein um das, was Jesus getan hat. Seine Tür öffnet sich für uns nicht durch gute Taten oder unsere besonderen Fähigkeiten, sondern allein durch seine Güte. Es ist pure Gnade, dass Jesus uns Menschen annimmt. Allein sein Wesen ist der Grund. Darin steckt eine große Befreiung.

Wir sind zu 100 Prozent davon befreit, Jesus irgendetwas beweisen zu müssen. Und es wird niemals in unserem Leben einen Punkt geben, an dem Jesus genug von uns hat und uns die Tür vor der Nase zuschlägt – egal, wer wir sind, und egal, was wir getan haben. Wir sind befreit von jedem Erwartungsdruck und dürfen durch die offene Tür gehen. Wie tröstlich, dass wir dieses Geheimnis durch diese mutige heidnische Frau erfahren dürfen.

Weitergedacht für fortgeschrittene Gruppen:
Gleichzeitig können wir uns diese offene Tür gar nicht verdienen. Ginge es um unsere Leistung, würden wir scheitern. Wir, die Unperfekten und Fehlerhaften, passen nicht zu Jesus, dem Vollkommenen und Fehlerfreien. Damals im Paradies hat sich die gesamte Menschheit um die offene Tür gebracht. Die Sünde trennt uns seitdem von Gott. Ein gemeinsames Leben mit ihm ist nicht mehr möglich, und daran können wir gar nichts ändern. Selbst wenn wir immer alles richtig machen würden – was ja keiner schafft –, ist in unserem tiefsten Inneren trotzdem so vieles, was nicht gut ist. Neid, böse Gedanken, Minderwertigkeitskomplexe etc. würden bleiben und uns auf ewig von Gott trennen. Im Johannesevangelium sagt Jesus einmal: *„Ich bin die Tür“*. (Joh 10,9) Die Sünde trennt uns von Gott, doch Jesus überwindet das alles. Wir kommen zu Gott nur durch Jesus. Er überwindet alles Falsche in uns. Alles, was uns von Gott trennt. Er – und nicht wir.

Gesprächsteil 3: Was bedeutet es, willkommen zu sein?
Das Türplakat wird hier erweitert. Die Tür öffnet sich und im Inneren steht die Jahreslosung: „Wer zu mir kommt, den werde ich nicht abweisen.“

Hier wäre noch einmal eine Gesprächsrunde möglich, z. B. zu folgenden Fragen:

- Wie fühlt es sich an, wenn man angenommen und aufgenommen wird?
- Wie ist es, bei Gott zu Gast zu sein?
- „Will-kommen" – will ich kommen? Was hindert mich daran, zu Gott zu kommen?

Abschluss der Bibelarbeit mit einem Gebet.
Danach können je nach Zeit und Lust noch verschiedene Elemente aus den Bausteinen ausgewählt werden.

Bausteine

Spielerisches

- Running Dinner
- Einladungs-Partner zulosen (dieses Spiel funktioniert ähnlich wie Wichteln, aber statt Präsenten schenkt man sich gemeinsame Zeit, z. B. zusammen Kaffeetrinken, einen Spaziergang etc.)

Kreatives

- Kreativ mit Stift und Zettel bzw. Handlettering
- Armbänder knüpfen z. B. mit der Makramee-Knotentechnik (hierfür braucht man gewachste Baumwolle, Anleitungen dazu im Internet)

Lieder

- Jesus, zu dir kann ich so kommen (Feiert Jesus 1, 82)
- Wer zu mir kommt (Feiert Jesus 3, 200)
- Komm, sag es allen weiter (EG 225)
- Kommt her, ihr seid geladen (EG 213)

Beispielgeschichte „Unter Müttern" mit anschließender Gesprächsrunde

Unter Müttern

Es war ein kalter Tag im November und ich war spät dran. Der Große wollte aus der Kita abgeholt werden, die Kleine lag im Kinderwagen und sollte ein Schläfchen machen. Doch sie war unruhig und begann immer wieder zu weinen. Was hatte sie nur? Sonst schlief sie doch immer friedlich ein? In der Kita angekommen freute sich zumindest der Große, uns zu sehen. Schnell zog ich ihn an, verließ das Haus und legte die Kleine in den Wagen. Vor uns lag ein weiter Weg und der Große bummelte nach dem Kindergarten besonders gern. Wir waren keine fünf Meter vom Kindergarten entfernt, da erbrach die Kleine ihr gesamtes Mittagessen. Fischstäbchen mit Spinat. Wenn schon, denn schon! Fußsack, Winteroverall, Mützen, Schal und Handschuh … Einfach alles vollgespuckt. Sie brüllte, so laut sie konnte, und der Große weinte aus Solidarität gleich mit. Ich bemühte mich nach Leibeskräften, aber egal wie sehr ich wischte und „Heile, Heile Segen" sang, keines der Kinder wollte sich beruhigen lassen. Was sollte ich nur tun? Sie im kalten Novemberwind umziehen? Nein … Dafür hatte ich nicht genug Kleidung mit. Schnell nach Hause laufen? Aber das würde mindestens 45 Minuten dauern. Völlig verzweifelt stand ich da und wusste nicht so recht, wie ich den Kummer meiner Kinder stillen sollte. Da tippte mir Janine mit ihrem Sohn Leon auf die Schulter. Unsere Jungs gingen in dieselbe Kita-Gruppe und doch kannte ich sie kaum. Wir waren grundverschieden und ich denke, keine wirkte auf die andere außerordentlich sympathisch. Trotzdem sprach sie mich an. „Kann ich helfen?" Ich schilderte mein Problem. Sie dachte kurz nach und sagte „Komm doch mit zu mir. Ich wohne gleich da vorn." Ich konnte mein Glück kaum fassen, denn wer würde denn bitte freiwillig ein Kind mit Magen-Darm aufnehmen? Das Risiko, sich und seine Familie anzustecken, wäre den meisten wohl zu groß gewesen. Doch Janine hatte ein großes Herz. Sie nahm uns mit in ihre Wohnung. Ich konnte die Kleine baden, was dringend nötig war, denn die Fischreste sind ihr bis in den Nacken gelaufen. Janine machte unseren beiden Großen den Fernseher an, putzte den Kinderwagen und holte saubere Kleidung. Sie kochte einen Tee und organisierte von der Nachbarin Zwieback. Ich rief meinen Mann an, doch er war noch in einer Sitzung und ging nicht ans Telefon. So bot mir Janine an zu bleiben, bis er mit dem Auto kommen konnte. Die Kleine war leichenblass und ohne Fußsack wollte ich sie nicht in der Kälte den ganzen Weg transportieren. Ich nahm dankbar Janines Angebot an und in Decken gekuschelt guckten wir alle gemeinsam „Peppa Wutz" (eine wirklich schlechte Kindersendung), bis uns die Augen viereckig wurden.

Es fällt manchmal schwer, Hilfe anzunehmen. Sich aufnehmen zu lassen und zuzulassen, dass jemand anderes einem etwas Gutes tut. Gerne würden wir alles allein schaffen und immer alles unter Kontrolle habe. Auch ist es mitunter unangenehm, welche Mühen unsere Gastgeber und Helfer mit uns haben können und in unserem expliziten Fall auch noch welche Risiken, denn zwei Tage später hatten auch Janine und Leon Magen-Darm. Das tat mir total leid, aber als ich den beiden beim Krankenbesuch einen großen Blumenstrauß und ein Malbuch für Leon vor die Tür stellte, wirkte Janine nicht so, als hätte sie ihre Hilfsbereitschaft bereut.

Gesprächsrunde:

- Was bedeutet es, jemanden aufzunehmen?
- Haben Sie schon einmal jemanden in Not aufgenommen oder wurden selbst eingeladen? Wie war das für Sie?
- Haben Sie schon einmal eine Einladung oder ein Hilfsangebot ausgeschlagen? Warum?
- Wozu lädt Jesus uns ein? Welche Hilfe bietet er uns an? Was könnte uns daran hindern, seine Einladung anzunehmen?

PRAXISENTWURF GEMEINDEFEST ZUM THEMA INKLUSION

Martina Walter-Krick und Denise Watermann

„Jesus spricht: Wer zu mir kommt, den werde ich nicht abweisen.“ (Johannes 6,37)

Vorüberlegungen

Die Jahreslosung lädt uns ein, darüber nachzudenken, welche Menschen in unserer Gemeinde sind und welche Menschen nicht kommen. Natürlich weisen wir niemanden ab, schließen keinen Menschen aus. Und doch drängt sich die Frage auf: Wer sind die, die nicht kommen? Und warum kommen sie nicht?

Es sind zum einen Menschen, die aus sehr unterschiedlichen Gründen kein Interesse an Glauben und Gemeinde haben. Andererseits sind es vielleicht jene, die das Gefühl haben, dass Gemeinde nichts von ihnen wissen will. Diejenigen, die sich übersehen fühlen, deren Interessen und Bedürfnisse keine Rolle im Gemeindeleben spielen. Hier kommt das Thema „Inklusion“ in den Blick.

Praktizierte Annahme

Inklusion zielt auf das Menschenrecht einer selbstbestimmten, gleichberechtigten Teilhabe aller Menschen am gesellschaftlichen Leben ab. So verstanden bedeutet Inklusion die Kunst des Zusammenlebens von sehr verschiedenen Menschen.

Dabei kann es um Menschen mit körperlichen und geistigen Einschränkungen und Behinderungen gehen, aber auch um Menschen mit einem anderen sozialen Hintergrund: Menschen, die von Arbeitslosigkeit oder Armut betroffen sind, demenziell veränderte Menschen, Menschen mit psychischer Beeinträchtigung, Menschen mit Migrationshintergrund …

Bei Gott sind sie alle willkommen, ohne Einschränkung. Er versteht ihre Situation, kennt ihre Bedürfnisse, Wünsche, Ängste, Begrenzungen und Sehnsüchte. Er kennt und versteht sie und wird niemanden abweisen.

Wir Menschen tun uns da schwerer. Manches scheint uns so fremd, so anders, dass es uns Angst macht, uns unsicher werden lässt und hilflos. Niemand will andere ausschließen, aber oft geschieht es doch, ohne dass wir es merken.

Inklusion braucht eine persönliche Haltung, die durch Wertschätzung, Akzeptanz, Interesse und Anerkennung gegenüber Menschen geprägt ist.

Der/die andere ist anders als ich, und nun darf ich Lernende/r werden und der/die andere wird mein/e Lehrer/in. Wenn wir einander mit dieser Offenheit und Neugier begegnen, in gespannter Erwartung, wie und wo der/die andere mich überrascht, ergänzt, bereichert, dann ist ein wichtiger Schritt zu einer wirklichen Willkommenskultur getan.

Inklusion ist im Grunde der Wesenskern von Gemeinde. „Einer der Gründe für das schnelle Wachstum der frühen christlichen Gemeinden war, dass Menschen hier ihre gesellschaftlichen Rollen ablegten, dass soziale Schranken nicht mehr galten, dass man sich als Bruder und Schwester begegnete, unabhängig vom gesellschaftlichen Hintergrund, vom Geschlecht oder von den körperlichen und geistigen Fähigkeiten."[29]

Ein Gemeindefest als Rahmen

In diesem Beitrag haben wir Ideen für ein Gemeindefest gesammelt, mit dem Ziel einer Bewusstseinsbildung in Bezug auf eigenes Wissen, Handeln und Haltung im Umgang mit Vielfalt. Aber gleichzeitig geht es auch darum, Barrieren wahrzunehmen, sie zu überwinden und Teilhabe zu gestalten.

Für die Feier eines Gemeindefestes haben wir verschiedene Stationen und Angebote zusammengestellt. Die Stationen sind Vorschläge, aus denen Sie sich diejenigen wählen können, die für Ihren Ort und Ihre Gemeindesituation geeignet scheinen. Auch eigene Ideen sind willkommen und bieten eine gute Ergänzung.

Das Gemeindefest kann beispielsweise mit einem Familiengottesdienst zur Jahreslosung beginnen. Alternativ könnte man den Gedanken, dass Gott niemanden abweist,

---

29 Christiane Bindseil, *Inklusive Gemeinde,* Artikel in: P&S Magazin für Psychotherapie und Seelsorge 03.2012.

sondern bei ihm neues Leben gewagt werden kann, auch mit der Zachäus-Geschichte (Lk 19,1–10) konkretisieren.

Es bietet sich außerdem an, schon vor dem Gottesdienst einen Eltern-Kind-Basar zu veranstalten, auf dem Kinderkleidung kostengünstig untereinander verkauft bzw. in einer Tauschbörse getauscht werden kann.

Im Vorraum der Kirche oder des Gemeindehauses kann eine Pinnwand aufgestellt werden, auf der Sie Informationen zu sozialen Projekten Ihrer Ortsgemeinde oder Ihres Landkreises sammeln können (Flyer, Broschüren etc.).

Wenn es sich anbietet, können Sie außerdem auf einer Karte Ihrer Gemeinde die Standorte der einzelnen Angebote markieren. So schaffen Sie für alle einen Überblick, welche Angebote bereits existieren und wie man diese unterstützen kann.

Vorträge zu Einzelthemen der Inklusion

Informieren Sie sich bei Ihrem örtlichen Sozialamt, ob es einen Mitarbeitenden gibt, der für Inklusion angestellt ist oder sich mit anderen Themen Ihres Sozialraumes befasst. Es würde sich anbieten den- oder diejenige einzuladen, um kurze Vorträge/Impulse zu Themen der Inklusion zu hören. Diese könnten über den Zeitraum des Festes angeboten werden. Ebenso kann man das Gemeindefest nutzen, um Kontakte zu Einrichtungen für Menschen mit Behinderungen zu knüpfen, sie einzuladen und um aktive Teilnahmen zu bitten.

Beispiele:

- Inklusion von Menschen mit Behinderung,
- Arbeit mit Prostituierten,
- Unterstützung von Obdachlosen,
- Arbeit mit alten Menschen,
- Schuldnerberatung,
- etc.

Erlebnisstationen

Während des Gemeindefestes soll es verschiedene Stationen geben, an denen man Situationen erleben kann, die zunächst einmal fremd und anders sind. Das Ziel ist es, sich besser in Menschen mit Einschränkungen hineinversetzen zu können, die Erfahrung zu machen, hilflos zu sein, Hilfe in Anspruch zu nehmen und sich gegenseitig zu unterstützen.

In der Bibel begegnen uns viele Menschen, die mit Ausgrenzung zu tun hatten und doch bei Gott angenommen sind. Deshalb bringen wir die Stationen mit biblischen Geschichten zusammen, die man vor Ort nachlesen kann oder die dort erzählt werden.

Station: Bartimäus (Markus 10,46–52)

Dunkelkammer-Aktion

Hängen Sie einen etwas größeren Raum mit dunklen Tüchern und Folien ab, sodass keinerlei Licht mehr hineindringt. (Es bietet sich an, eine Art Schleuse einzurichten, durch die man in den Raum kommt.) In dem Raum selbst stellen Sie eine alltägliche Situation wie z. B. einen wöchentlichen Marktbesuch nach, indem Sie Stände mit Obst und Gemüse nachbauen. Zusätzlich können Sie Marktgeräusche abspielen lassen (zu finden z. B. auf YouTube). Ruhig etwas lauter, sodass es einem realen Marktgeschehen nahekommt. Die Besucher können in diesem Raum nachspüren, wie es ist, als blinde Person auf einem vollen Wochenmarkt einzukaufen.

Station: Mefiboschet (2Samuel 9,1–13)
Rollstuhl/Rollator-Aktion
Die Besucher sollen bei dieser Aktion in die Rolle eines Menschen mit Gehbehinderung schlüpfen. Es kann ein Parcours mit Brettern und verschiedenen Hindernissen aufgebaut werden, der auf Zeit bewältigt werden muss. Alternativ können Sie auch Ihre eigenen Gemeinderäume selbst auf Barrierefreiheit prüfen.

Station: Sprachschule (2Mose 4,11)
Hier werden verschiedene Zungenbrecher laut vorgelesen. Wer schafft es, sie nachzusprechen, ohne sich zu verhaspeln?

Station: Hören (Markus 7,31–37)
Verschiedene Geräusche werden per PC oder Handy abgespielt. Die Besucher bekommen einen Zettel, auf dem sie vermerken müssen, was sie gehört haben. Wer kann die meisten Geräusche zuordnen? (Wasser läuft aus dem Wasserhahn, Toilettenspülung, Wellenrauschen, Regentropfen an der Scheibe, Donner, stampfen, klatschen, mit

den Füßen schlurfen, Nase schnäuzen, singen, an die Tür klopfen …)

Station: Sprache ohne Sprechen
Hier lernt man miteinander das Vaterunser in Gebärdensprache und betet es dann zusammen. Anleitungen dazu finden sich im Internet.

Station: „Ausländer sind wir alle – fast überall.“ (3Mose 19,34)
Andere Länder, andere Sitten. Hier könnte ein Quiz gelöst werden, in dem man Quizfragen zu kulturellen Lebensformen anderer Länder löst.

Alternativ könnte man auch „herzlich willkommen“ in mehreren Sprachen ausdrucken und aufhängen. Nun können alle Besucher üben, ob sie die jeweiligen Sprachen erkennen und den Gruß nachsprechen können.

Station: Ganz allein! (Johannes 5,1–9)
Der Kranke am Teich Bethesda liegt dort 36 Jahre lang. Der Grund? Er sagt: „Ich habe keinen Menschen.“ Aber Jesus sieht ihn! Es gibt auch viele Einsame in unserer Gemeinde, in unserer Stadt …

Hier haben die Besucher die Möglichkeit, einen Kartengruß an jemanden zu schicken oder ein Bild zu malen, das man einem einsamen Menschen schenken kann.

Station: Hochzeitsfest zu Kana (Johannes 2,1–10)
Eine wichtige Komponente für jedes Gemeindefest ist das leibliche Wohl. Versuchen Sie, dafür Spezialitäten aus ver-

schiedenen Kulturen anzubieten. Vielleicht haben Sie Gemeindemitglieder, die sich auskennen oder Kontakte zu Menschen anderer Kulturkreise, die eine Spezialität anbieten und gleich mitfeiern können.

Lyrisches

LYRISCHE TEXTE

Tina Willms

Gebet: Rollenspiel

Lebendiger Gott,
ich spiele so viele Rollen
und weiß doch manchmal nicht,
wer ich bin.

Ich trage so oft eine Maske
und verberge dahinter
voller Angst mein Gesicht.

Sieh mich an,
im Licht deiner Liebe
werde ich schön.
So, wie ich bin.[30]

---

30 Aus: Tina Willms, *Erdennah – Himmelweit. Ein Jahresbegleiter zu den Wochensprüchen. Andachten, Gedichte und Gebete*, Neukirchener Verlagsgesellschaft, 4. Auflage 2019.

Gottes Ölbaum

(zu Römer 11,17 f.)

Wir, auf die Wurzel
des alten Ölbaums gepfropft
als neuer Zweig,
gewachsen unter Gottes
hegenden Händen.

Über uns
wölbt sich farbig
sein Friedenswort;
Gütegedanken
schreibt er
ans Firmament.

Warum also
das eigene Herz
eng machen?
Warum
den Himmel aufteilen,
als gehöre er uns allein?

Vatergeliebt, muttergetröstet
wohnen und wachsen wir
in seinem Garten,
wo die Tore offen sind
wie ausgebreitete Arme:

Seid willkommen,
ihr Menschenkinder,
lebt und blüht
als Gottes Ölbaum
im Licht seines
heilsamen Segens.[31]

Wunsch

Dass einer mich findet,
wenn ich mich selbst verliere,
dass einer meinen Namen
bei sich bewahrt.

Dass einer noch weiß,
wer ich bin,
und neu erzählt,
was ich längst vergaß.

Dass einer mich birgt
im Haus einer Liebe,
die weiter reicht als das,
was ich ahne von mir.[32]

---

31 Ebd.

32 Ebd.

Die Engelbank

Nah bei der Drübecker Klosterkirche am Harzrand lädt ein Engel ein, sich zu setzen. Eine Bank aus hellem Holz steht dort, die statt einer Rückenlehne einen stilisierten Körper und geschwungene Flügel hat.

„Komm, mach mal Pause", scheint der Engel zu sagen. „Ruh dich ein Weilchen aus!"

Und dem, der über die Holzfläche streicht und dann Platz nimmt, sagt er ins Ohr:

„Lehn dich ruhig an mich. Ich halte dich."

Und dann, nach einer Weile, raunt er leise: „Sieh dich um, leg den Kopf in den Nacken und blick in den Himmel über dir. Schau, die Wolken, wie sie vorüberziehen. Manchmal erzählen sie von Gottes Güte."

Und wer dort sitzt, lässt auch die Zeit für eine Weile vorbeiziehen und lässt sich gefallen, was eben vom Himmel fällt.

Derweilen nimmt der Engel wahr, was im Nacken sitzt. Und stärkt fast unmerklich den Rücken.

Wenn du dann aufstehst, spürst du, dass deine Haltung anders ist. Die Schultern sind locker, der Rücken richtet sich auf. Und der Tag liegt unter dem größer gewordenen Himmel vor dir wie eine Einladung.[33]

---

33 Aus: Tina Willms, *Zwischen Abschied und Anfang. Ein Begleiter durch die Passions- und Osterzeit. Andachten, Gedichte und Gebete*, Neukirchener Verlagsgesellschaft 2020.

KOMM DOCH ZU JESUS

Christian Hählke

HERAUSGEBER, AUTORINNEN UND AUTOREN

Herausgeber

Martin Werth, Dr. theol., ist Dozent und Direktor der Evangelistenschule Johanneum, Wuppertal.
Martina Walter-Krick ist Diplom-Pädagogin und Dozentin an der Evangelistenschule Johanneum, Wuppertal.

Autorinnen und Autoren

Johannes Beer ist Gemeindepfarrer, Pfarrer der Offenen Kirche und Kulturbeauftragter des Kirchenkreises, Herford.
Margit Eichhorn ist Mitarbeiterin bei Campus für Christus Österreich und arbeitet auch als Psychotherapeutin in Hallein, Österreich.
Kai Günther ist Theologe und Dozent der Evangelistenschule Johanneum, Wuppertal.
Christian Hählke ist Pfarrer und Liederdichter, Höchstenbach.
Frank Heinrich ist Sozialarbeiter und Theologe und seit

zwölf Jahren Abgeordneter im Deutschen Bundestag, Chemnitz.

Sabine Herwig ist Gemeinschaftspastorin in der Landeskirchlichen Gemeinschaft Varresbeck, Wuppertal.

Anne Johannsen ist Predigerin im Mecklenburgischen Gemeinschaftsverband, Schwerin.

Tobias Liebmann arbeitet als Bundessekretär im CVJM-Westbund, Bad Oeynhausen.

Wilbirg Rossrucker ist Hebamme und leitet das HoffnungsHaus, eine Anlaufstelle für Prostituierte, Stuttgart.

Kornelia Schelter ist Predigerin im Landeskirchlichen Gemeinschaftsverband in Bayern, Ansbach.

Sabine Schumacher ist Doktorandin der evangelischen Theologie, Nordstemmen.

Patrick Todjeras, Pfr. Dr., ist wissenschaftlicher Mitarbeiter an der Universität Greifswald und stellvertretender Direktor des Instituts zur Erforschung von Evangelisation und Gemeindeentwicklung (IEEG).

Denise Watermann ist Jugendreferentin der Jugendkirche geistreich, Köln.

Tina Willms ist Pfarrerin und Autorin, Hameln.

Die Postkarte zur Jahreslosung 2022

Dieses Postkartenset mit der Jahreslosung und dem Bild der Wuppertaler Künstlerin Inge Heinicke-Baldauf ist passend gestaltet zur Bildmeditation von Johannes Beer.
Zum Einsatz für die Bildmeditation und zum Verschenken!

Postkarten zur Jahreslosung 2022
Mit einem Motiv von Inge Heinicke-Baldauf

10 Karten im Set
ISBN 978-3-7615-6800-2

neukirchener

Andachten, Gedichte und Gebete für 2022

In der Jahreslosung 2022 heißt der Himmel uns höchstpersönlich willkommen. Die Tür steht offen und Jesus sagt im Namen Gottes: Ihr dürft zu mir kommen, als kämt ihr nach Hause.
Was geschieht, wenn Menschen sich willkommen fühlen, wird oft unterschätzt, ist aber kein Geheimnis: Es macht glücklich, gibt innere Stabilität und stärkt unsere Resilienz. Wie können wir weitergeben, was uns vom Himmel zufällt?
Die Andachten und Gedichte, Gebete und Segenswünsche in kraftvoller, poetischer Sprache lassen uns die überlieferten Worte neu entdecken und zeigen ihre Aktualität.
Für die Gemeindearbeit, zum Vorlesen im Gottesdienst oder für die persönliche Besinnung.

Tina Willms
Willkommen und gesegnet
Inspirationen zur Jahreslosung und den Monatssprüchen 2022

gebunden, mit Lesebändchen, 144 Seiten
ISBN 978-3-7615-6808-8

neukirchener